초등 입학 전에 꼭 준비해야 할 48가지

초등 1학년 만점 학부모되기

초판 1쇄 인쇄 2010년 2월 10일
초판 1쇄 발행 2010년 2월 15일

지은이 | 정명숙

펴낸이 | 남주현
펴낸곳 | 채운북스
주소 | 경기도 고양시 덕양구 토당동 335-72 1층
전화 | 031-970-1628
팩스 | 031-970-1629

ⓒ정명숙
ISBN 978-89-963393-2-8 (13370)

＊잘못된 책은 구입하신 서점에서 바꾸어 드립니다.

초등 입학 전에 꼭 준비해야 할 48가지

초등 1학년 만점 학부모 되기

정명숙(서울 유석초 교사) 지음

채운북스

| 머리말 |

초등학교에 첫발을 내딛는
새내기 부모님께 드리는 임명장

짝짝짝짝!
귀하를 자녀의 교육 마라톤 트레이너로 임명합니다.

눈에 넣어도 아프지 않을 우리 아이들, 하나 키우기도 힘드시죠?

네, 아이들을 가르치는 저도 힘이 듭니다. 예전보다 학급 당 인원 수는 훨씬 줄어들었는데도 불구하고 배로 힘이 듭니다. 아이들이 제 정신을 홀라당 벗겨가는 듯한 그런 느낌이라면 이해가 될까요?

혼자서 자란 요즘의 아이들은 한 마디로 일당백입니다. 그만큼 에너지가 차고 넘친다는 뜻이지요.

그래도 가르침이 즐거운 것은 아이들에게서 희망을 보기 때문입니다. 이 아이들이 커서 우리나라를 짊어지고 갈 때쯤이 되면 노인복지가 잘 된 선진국이 되어서 내가 편한 노후를 살겠구나, 하는 그런 장밋빛 희망이라고나 할까요?

가르치는 일이 가장 보람있을 때는 제 밑을 거쳐간 제자들이 제 몫을 다하며 멋지게 살고 있다는 소식을 들을 때랍니다.

찾아오지 않는다 해도 그 소식만으로도 기쁜 것이 가르침을 직업으로 삼은 우리네의 보람입니다.

아마 부모님이 가장 보람을 느낄 때는, 애지중지 키워서 대학까지 공부시켜 내보낸 자녀가 원하던 대로 목표를 이루어 사회의 일원으로 당당하게 활약하고 있을 때가 아닌가 합니다.

먼 훗날 어느 분야에서건 인정받는 그런 자녀로 키우기 위해 부모님께서 지금 허리띠를 졸라매가며 자녀교육에 헌신하고 있는 것이구요.

자녀교육은 42.195km의 기나긴 레이스를 뛰어야 하는 마라톤과 같습니다.

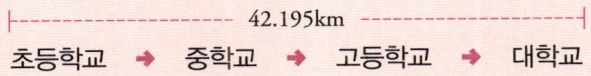

초등학교 ➡ 중학교 ➡ 고등학교 ➡ 대학교

부모님께서는 이미 총 16년 동안 트레이너인 부모님의 부모님이 짜놓은 교육 프로그램에 따라 이 길을 뛰어왔습니다.
그 길을 이제는 자녀가 달리려고 출발선 앞에 섰습니다. 입장이 뒤바뀌어 자녀의 교육 마라톤 트레이너가 된 지금…….
자신이 달린 속도보다는 좀더 빨리, 자신이 낸 등수보다는 좀더 높게 기록하는 자녀의 모습을 꿈꾸며 최적의 트레이닝 방법을 찾으려 애쓰고 계실 것입니다.

오늘 제가 쓴 책을 선택한 이유도 '어떻게 하면 우리 아이가 첫발을 내딛는 1학년을 멋지게 보내어 인생의 마라톤에서 성공하게 할 수 있을까?'를 고민하다가 혹시나 도움이 되지 않을까 해서 고른 책일 것입니다.
영국의 사상가 러스킨이 그랬다더군요.
"읽을 가치가 있는 책은 사둘 만하다."
저의 책이 자녀교육에 노심초사하시는 새내기 부모님께 읽을 가치가 있어 인생의 마라톤에서 성공하는 밑거름이 된다면 무척 행복하겠습니다.

자녀교육의 첫 트레이닝이라 힘이 들 때 제 책을 보면서 위안을 얻고, 제 책을 보면서 에너지를 얻고, 제 책을 보면서 보람을 얻는 그런 희망서가 되었으면 좋겠습니다.

　초등학교에 첫발을 내딛는 새내기 부모님, 자녀의 마라톤 교육 트레이너로 꼭 성공하세요!

정말 정말 축하드립니다!
　　자녀의 교육 트레이너로 임명되신 것을!
명문천하 인재가 될 자녀의 앞날에 축복이 함께하기를
숙원하며 교육의 비타민을 담은 저의 책을 선사합니다.

교육을 사랑하는 저자 　정명숙

| 차례 |

제1장 입학 전에 점검해야 할 10가지 - 부모의 자격

- **01** 확신없는 부모가 확신없는 아이를 만듭니다 ★ 16
- **02** 너, 그렇게 하면 선생님한테 혼난다! ★ 23
- **03** 꽃으로도 아이를 때리지 마십시오 ★ 26
- **04** 시도때도 없는 고자질, 놔두면 버릇됩니다 ★ 30
- **05** 지금 가장 필요한 건 뭐? 집중력! ★ 33
- **06** 아직도 아이의 책상을 정리해 주고 계십니까? ★ 41
- **07** 아이의 뒤를 졸졸 따라다니지 마십시오 ★ 44
- **08** 절대로 아이에게 지지 마십시오 ★ 49
- **09** 아이에게 먼저 대접을 받으십시오 ★ 53
- **10** '우리들은 1학년' 대로만 하면 모범어린이 됩니다 ★ 56

제2장 입학 전에 갖춰야 할 7가지 - 부모의 조건

- **01** 학교의 교사는 선생님, 가정의 교사는 부모님 ★ 62
- **02** 입학 후 3월 한 달은 습관 들이기에 전념하세요 ★ 67
- **03** 밥상머리 교육이 우선입니다 ★ 70
- **04** 잘 풀린 제자 뒤엔 그의 어머니가 있었습니다 ★ 73
- **05** 직장맘은 죄의식을 갖지 마십시오 ★ 77

06 주말에는 아이와 함께 놀아 주세요 ★ 81
07 나는 어떤 형의 부모인가요? ★ 85

제3장 미리 알아두면 좋을 10가지-학교 상식

01 유치원과 초등학교는 많이 다른가요? ★ 88
02 한글은 떼고 들어가야 하나요? ★ 92
03 어떤 교과를 배우나요? ★ 97
04 미리 선행학습을 해야 하나요? ★ 101
05 하루 일과는 어떻게 되나요? ★ 104
06 알림장은 매일 써 주나요? ★ 108
07 개인 사물함은 있나요? ★ 112
08 일기는 매일 써야 하나요? ★ 115
09 독서 시간이 따로 있나요? ★ 119
10 선생님과의 면담은 어떻게 하나요? ★ 123

제4장 미리 알아두면 좋을 21가지-교과 상식

국어 01 국어는 왜 책이 세 권이나 되나요? ★ 128
국어 02 '어처구니' 없는 맷돌을 보셨나요? ★ 132

| 국어 03 | 스피드 퀴즈로 어휘력을 길러 보세요 ★ 137
| 국어 04 | 언제 어디서나 할 수 있는 '끝말잇기' 놀이 ★ 143
| 국어 05 | '받아쓰기 놀이'로 즐겁게 받아쓰기하세요 ★ 146

| 수학 01 | 수학은 뭐고 수학익힘책은 뭔가요? ★ 150
| 수학 02 | '50까지의 수 세기'가 제일 어렵대요 ★ 153
| 수학 03 | 셈이라면 질겁하는 아이, 게임으로 시작하세요 ★ 157
| 수학 04 | 럭비공은 공 모양이 아닌가요? ★ 164

| 바른생활 01 | 생활의 길잡이도 교과서예요? ★ 167
| 바른생활 02 | 용구 사용법이 서툴러요 ★ 170
| 바른생활 03 | 학교 규칙은 꼭 지켜야 해요 ★ 173
| 바른생활 04 | 친구와 사이좋게 지내기 위해 노력했나요? ★ 176

| 슬기로운 생활 01 | 슬기로운 생활은 뭐예요? ★ 178
| 슬기로운 생활 02 | 교통 안전은 실생활에서 익히세요 ★ 181
| 슬기로운 생활 03 | 곤충도 동물이에요? ★ 185
| 슬기로운 생활 04 | 식물보다 동물을 더 좋아하는 아이들 ★ 189

| 즐거운 생활 01 | 즐거운 생활은 어떤 교과인가요? ★ 192
| 즐거운 생활 02 | 노래 부르기 싫어하는 아이, 이렇게 해 보세요 ★ 195
| 즐거운 생활 03 | 어울리지 못하는 아이, 놀이로 치유해요 ★ 198
| 즐거운 생활 04 | 미술 작품, 미리 만들어 오지 마세요 ★ 202

• 제 1 장 •

입학 전에 점검해야 할 10가지 부모의 자격

01
확신없는 부모가
확신없는 아이를 만듭니다

"뭐든지 내 맘대로 내 멋대로 집안의 절대 무법자"

"기절초풍 욕설에 거침없는 주먹질 무시무시한 9살"

"수틀리면 주먹세례 장소불문 나이불문 민폐의 달인"

"엄마 말에 무조건 반대로만 하는 청개구리 아이"

"공부는 나의 적, 무조건 공부를 거부하는 아이"

"24시간 동안 컴퓨터 앞을 떠나지 않는 게임 중독자"

제가 즐겨보는 프로그램 중의 하나인 '우리 아이가 달라졌어요' 라는 프로그램의 제목입니다.

이 프로그램을 보면서 늘 생각하는 게 있습니다.

'생떼를 받아 줘야 하는 부모는 얼마나 힘들까?'

'그렇게 악을 쓰고 우느라 아이는 얼마나 힘들까?'

땀을 삐질삐질 흘리면서 목이 쉬도록 떼쓰고 우는 아이를 보면 인생을 참 힘들게 산다는 생각이 듭니다.

패악을 부릴 때의 모습을 보면 작은 악마가 따로 없습니다. 집안 일로, 직장 일로 바쁜 엄마의 정신을 쏙 빼놓기 때문입니다.

그러나 솔루션팀이 가동되어 아이의 행동에서 부모의 문제점을 발견한 뒤 훈육 과정을 거치고 문제점이 해결되면 아이의 모습은 180도로 달라집니다.

언제 그랬냐는 듯 천사 같은 미소를 짓는 아이의 모습을 보면 그제서야 한시름 놓입니다.

철없는 미꾸라지 한 마리가 휘저어놓은 흙탕물에 함께 범벅이 되어 괴로워하는 부모의 모습을 더 이상 보지 않아도 되니까요.

그렇다면 솔루션팀이 발견한 문제점을 왜 부모는 발견하지 못했을까요?

물론 솔루션팀은 대한민국 최고의 육아 전문가로 구성된 팀들이기에 그렇다고 하면 할 말이 없습니다.

하지만 텔레비전을 시청하다 보면 비전문가도 무엇이 문제이고 무엇이 해결책인지 금방 알 수 있습니다. 왜냐하면 아이의 행동에 부모의 행동이 오버랩되기 때문입니다.

그렇습니다. 근본적인 문제는 부모에게 있었던 것입니다.

'나는 옳게 가고 있는데 아이는 왜 그럴까?'

아직도 아이 핑계를 대고 있지는 않으신지요? 그렇다면 절대 문제를 해결할 수 없습니다. 아이는 부모의 얼굴과 다름없기 때문입니다.

피 한 방울 안 섞인 부부도 닮는다는데, 하물며 유전자를 그대로 물려받은 자식임에야…….

좋은 점도, 나쁜 점도 가장 많이 닮은 붕어빵이 바로 자기 자녀임을 인정하고 겸허하게 자신을 되돌아보기 바랍니다.

아이들은 너무 영악하게도 발 뺄 곳 생떼를 부릴 곳이 어디인지 잘 파악하고 있습니다.

자애로운 어머니 앞에서는 악마같이 굴던 아이가 무서운 아버지 앞에서는 순한 양이 되어 말을 잘 듣는 경우가 그러합니다. 어머니 같은 여선생님보다는 아버지 같은 남선생님의 말을 잘 듣는 아이의 경우가 그러합니다. 허용적인 강사선생님보다는 엄격한 담임선생님의 말을 잘 듣는 경우가 그러합니다.

가르쳐 주지 않아도 아이들은 직감으로 어디 가서 발을 뻗고

오므려야 할지 체득하는 까닭입니다.

이런 눈치 빠른 아이의 일탈 행동을 계속 허용해 주다 보면 그 폐해는 그대로 피드백되어 부모에게 되돌아갑니다.

가정 내에서 누가 강자이고 약자인지 서열을 매기면서 강자에게는 복종하고 약자는 괴롭히는 까닭입니다.

아이의 일탈 행동의 원인은 분명히 부모에게 있습니다. 눈치로 자신의 행동이 180도로 바뀌는 이중적인 아이가 아닌, 어른을 대하는 행동이 한결같은 아이가 되도록 가르쳐야 합니다.

혹시 내 아이가 '우리 아이가 달라졌어요'에 나올 만한 일탈 행동을 한다면 당장 솔루션팀을 가동하십시오. 솔루션팀은 텔레비전에 나오는 육아 전문가가 아닌, 바로 부모님 자신이 되어야 합니다.

단호할 땐 단호하되 애정을 줄 땐 듬뿍 주는, 공과 사가 분명한 부모가 되십시오.

확신없는 부모가 확신없는 아이를 만듭니다.

한없이 어려 보이지만 속은 꽉찬 아이들의 속마음을 읽을 수 있는 글을 소개해 드립니다.

아이들이 부모님께 바라는 20가지 바람

❶ 내가 원하는 것을 다 들어 주지 마세요.

사실 나는 내가 원하는 것을 다 가질 수 없다는 사실을 어느 정도 알고 있어요. 다만 아빠를 시험해 보고 있는 것뿐이에요.

❷ 좀 엄격하면서 확신을 가져 주세요.

나는 아빠가 확고할 때 편안함을 느끼거든요.

❸ 나쁜 습관에 물들지 않도록 도와 주세요.

그것이 잘못된 것인지를 알려면 아빠께 의존할 수밖에 없기 때문이에요.

❹ 나는 아직 배우고 있고 실수할 수 있음을 기억해 주세요.

❺ 내가 잘못했을 때 조용히 말해 주세요.

그러면 저는 더 잘 듣게 돼요.

❻ 내가 잘못한 일을 죄라고 단정짓지 말아 주세요.

❼ 때로는 내가 잘못을 저지르도록 내버려 두세요.

그래야 제가 고통스러운 좌절을 통해 바르게 배울 수 있거든요.

❽ 내가 "아빠 미워!" 할 때 주의깊게 들어 주세요.

내가 미워하는 것은 아빠가 아니고, 아빠 때문에 내가 작아 보이기 때문이에요.

❾ 잔소리를 하지 말아 주세요.

계속 잔소리를 하면 나는 귀를 막고 그것으로 나를 방어하게 돼요.

❿ 대단치 않은 병을 앓을 때 지나치게 관심을 갖지 말아 주세요.

⓫ 내가 아직 자신을 표현하는 방법을 배우고 있다는 것을 기억해 주세요.

사실 나는 내가 원하는 만큼 표현을 못할 때가 많거든요.

⓬ 내가 물어볼 때 진지하게 대답해 주세요.

무시하거나 핀잔을 주면 나는 다시는 질문하지 않고 다른 곳에서 답을 찾게 되거든요.

⓭ 일관성을 지켜 주세요.

이랬다 저랬다 하면 나는 혼돈을 일으키게 되고, 아빠를 믿을 수 없게 돼요.

❹ 내가 무서워할 때 잘 살펴 주세요.

나는 정말 무서울 때가 있어요. 이해하려고만 한다면 나를 진정으로 도와 주고 확신을 심어 줄 수 있어요.

❺ 인간적이 되어 주세요.

만일 아빠가 완전하고 잘못을 저지르지 않는다고 말하면 나는 완전하지도 못하고 실수도 하는 아빠를 발견할 때 너무나 큰 충격을 받기 때문이에요.

❻ 잘못했을 때는 사과를 하세요.

그러면 나는 놀랍게도 아빠에게 따뜻한 정을 느끼게 돼요.

❼ 나는 사랑을 실험하고 있어요.

실험하지 않고는 배울 수가 없기 때문이에요.

❽ 내가 얼마나 빨리 자라고 있는지 기억하세요.

나를 따라오기 힘들 거예요. 그러니 노력해 주세요.

❾ 나는 넘치는 사랑과 이해를 받을 때 무럭무럭 자란다는 것을 기억해 주세요.

아빠도 그러하시다는 것을 나는 알아요.

❿ 부디 건강하세요. 나는 아빠가 진정으로 필요합니다.

〈미국 감리교회 교육국 발행 목회 자료집〉

02
너, 그렇게 하면 선생님한테 혼난다!

"너, 이런 것도 못하면 선생님한테 혼난다. 그렇게 행동했다가는 만날 매맞을걸?"
"초등학교 선생님이 얼마나 무서운 줄 아니? 완전 호랑이선생님이야."
"유치원 선생님하고는 달라. 너, 학교에 가면 무조건 선생님 말씀 잘 들어야 돼."

초등학교 입학을 앞두고 잔뜩 긴장해 있는 아이 앞에서 무심코 이런 말을 하지는 않으셨는지요?
아직 유아 의식에서 벗어나지 못한 아이에게 경각심을 불러일

으켜 주기 위한 엄포라는 것은 알지만, 이 말 안에는 많은 독소가 숨어 있습니다.

첫사랑, 첫입학, 첫정, 첫아기, 첫여행…….

어떤 이미지가 떠오르십니까? '첫' 자라는 말만 들어도 아직도 가슴이 떨리신다구요?

그렇다면 우리 아이의 초등학교 첫입학이 먼 훗날 어떤 이미지로 남기를 바라나요? 떠올리기만 해도 좋은 추억으로 남기를 바란다면 초등학교 선생님이 무섭기만한 존재라는 부정적인 선입관을 심어 주는 오류를 범하지 말기 바랍니다.

귀엽고 깜찍한 아기토끼 같은 1학년 아이와, 눈만 한번 치켜 떠도 산천이 벌벌 떠는 백수의 왕인 호랑이와의 관계라니 너무 삭막하지 않나요?

무서운 대상에 대한 거리감은 학교 생활의 부적응을 가져오기도 합니다.

화장실이 급할 때 도움을 청하지 못해 옷에 오줌을 싸기도 하고, 수저를 가져오지 않아 밥을 못 먹는 일도 생겨납니다.

'선생님, 도와 주세요!' 라는 말 한 마디면 쉽게 해결할 수 있는 일임에도 불구하고…….

초등학교 선생님은 제2의 부모라고 해도 과언이 아닙니다. 하루의 절반을 아이들과 함께 학교에서 생활하는 까닭입니다.

매일 서로 마주봐야 하는 관계가 호랑이와 토끼처럼 약육강식의 세계라면 그것처럼 무서운 일이 또 어디 있을까요?

"너, 그렇게 하면 선생님한테 혼나!"

라는 말보다는,

"모르는 게 있으면 선생님께 여쭤봐. 차근차근 잘 가르쳐 주실 거야."

"어려울 땐 선생님께 도움을 청해. 잘 해결해 주실 거야."

라는 긍정적이고 따뜻한 말로 아이들을 안심시켜 주시기 바랍니다. 긍정의 말 한 마디가 한 아이의 인생을 바꿀 수도 있습니다.

03
꽃으로도
아이를 때리지 마십시오

"니가 먼저 날 놀렸잖아."

"그렇다고 때리냐?"

"당연히 잘못했으면 맞아야지!"

"니가 울 엄마냐, 때리게?"

"잘못했으면 때려서라도 고쳐야지."

"말로 하면 되잖아. 왜 때려!"

"넌 나를 화나게 했으니 맞아도 싸!"

싸웠다고 불려온 두 아이가 서로 한 마디도 지지 않고 말싸움을 합니다. 자기 잘못은 하나도 없고 친구만의 잘못이라고 우겨

댑니다.

가만히 두면 하루 종일 목청을 높이면서 싸울 태세입니다. 분명한 것은 주먹을 휘두른 아이가 더 흥분을 가라앉히지 못하고 씩씩댄다는 것입니다.

친구가 맞을 짓이 뭐냐고 물으면 자기를 화나게 한 게 맞을 짓이고, 그 친구는 맞아도 싸다고 당당하게 말합니다.

주먹을 휘두른 아이의 머릿속에는 맞을 짓을 하면 무조건 맞아야 한다는 의식이 박혀 있습니다. 잘못하면 부모에게 맞음으로써 부지불식간에 잘못하는 사람은 매를 맞아야 한다는 인식이 생겨난 탓입니다.

아이들을 가르치다 보면 제 성질을 못 이겨 주먹을 휘두르는 아이는 대체로 가정에서 매를 맞는 아이입니다.

잘못했을 때 매를 계속 맞다 보니 은연중에 잘못을 하면 맞아야 한다는 인식이 생기고, 자기의 기준으로 판단하여 친구가 잘못했을 때는 맞아야 한다고 정당화하여 주먹을 휘두르게 됩니다.

물리적으로 벌을 내리는 일은 이래서 정말 위험합니다. 부모의 매에 감정이 실리듯, 아이들의 주먹에도 감정이 실리기 때문입니다.

혹시 초등학교 입학을 코앞에 두고 아이의 생활 습관을 잡기 위해서 '사랑의 매'라는 미명 아래 체벌을 가하고 있지는 않으신지요?

매는 주먹을 부르고 그 주먹의 위력을 맛본 아이는 되도 않은 영웅 심리에 빠져 폭력을 우상화하는 아이로 발전하게 합니다.

"선생님, 쟤는 맞을 짓을 했으니까 한 대 때려 주세요."

그런 까닭에 아이를 때리는 선생님은 멋져 보여 비굴할 정도로 복종을 하고, 매를 대지 않는 선생님은 만만해 보여 대드는 이중적인 아이로 자라기 쉽습니다.

평소에는 양같이 순하다가도 어느 한순간 감정이 폭발하는, 감정의 기복이 심한 아이로 자라나게 하고 싶은지요?

이것이 매의 양면성입니다.

혹시나 말로 아이를 설득하기 힘드니까 매를 드는 것은 아닌지요?

매는 순간 효과는 크지만 자기의 잘못을 깊이 생각할 여유를 주지 않습니다.

빠른 해결책인만큼 아이는 매를 맞은 뒤 또 똑같은 실수를 저지르는 행동을 반복하게 됩니다.

덩치가 커져 매를 이길 정도의 나이가 되면 '그 까짓것, 매로

때우고 말지' 라는 생각을 하게 되고, 급기야 매의 효력을 상실한 부모의 말을 귓전으로 듣게 됩니다.

  언제까지 매를 들 수 있을 거라고 생각하시는지요?

  사춘기가 오고 어디로 튈지 모르는 질풍노도의 시기에도 매가 통하리라 생각하시는지요?

  당장 매라는 물리적인 도구를 없애시기 바랍니다. 그 대신에 자녀와 많이 대화하고 해결책을 서로 모색하는 방법으로 훈육해야 합니다.

  대화의 방법은 시간도 많이 들고 힘이 들지만 차츰 익숙해지면 이것만큼 근본적이고 좋은 해결책은 없습니다.

    "꽃으로도 아이를 때리지 마십시오."

04
시도때도 없는 고자질, 놔두면 버릇됩니다

"얼레꼴레리~ 누구 누구는 빵점맞았대요."
"얼레꼴레리~ 누구 누구는 오줌쌌대요."
"선생님, 쟤가요~ 내 거 보고 해요."
"선생님, 쟤가요~ 책상 밑에서 손장난해요."

친구를 놀리는 것뿐만 아니라 친구의 사소한 실수까지도 고자질을 일삼는 아이가 있습니다. 쉬는 시간, 점심 시간, 공부 시간에도 아랑곳없이 늘 일러 주기에 바쁩니다.

심지어는 교무실 회의하는 데까지 쫓아와 이르고 선생님이 안 계시면 교장실까지 쫓아가 이르는 아이가 있습니다.

조금만 자기 눈에 거슬린다 싶으면 주변 상황은 전혀 고려하지 않고 고자질을 해대는 아이들…….

혹시 댁의 자녀도 가정에서 고자질을 입에 달고 살지는 않는지요? 불리한 상황에 처하면 스스로 해결하려 하지 않고 고자질로 피해 가려고 하지는 않는지요?

고자질의 원인에는 여러 가지가 있습니다.

부모님이나 선생님께 인정을 받고 싶을 때나 자기에게 관심을 가져 주길 바랄 때, 남의 시선을 끌고 싶을 때 고자질을 하는 경우가 많습니다.

혹시 우리 아이가 애정 결핍으로 인해 오는 증상은 아닌지, 바쁘다는 핑계로 아이와 함께 하는 시간이 적어서 그런 건지, 늘 형이나 동생에 비교되어 무시당하지는 않았는지 원인을 살펴보아야 합니다.

고자질을 하는 순간 잘못 처방을 하게 되면 다른 아이가 꾸중을 듣는 상황을 즐긴다거나 지나치게 자신만 착한 아이로 부각시키려 고자질을 일삼는 비뚤어진 아이로 자랄 수 있습니다.

고자질을 하는 행위가 강화되지 않도록 다른 아이의 나쁜 점을 들었을 때는 담담한 반응으로 대처하는 게 좋습니다. 하지만 너무 무시하면 더욱 더 비뚤어진 행동을 할 수도 있으므로 고자질하는 아이의 심리를 이해해 주는 자세가 필요합니다.

그래도 고자질하는 행동이 지속된다면 부모님 자신의 행동에 원인이 있는지 살펴보십시오. 아이는 부지불식간에 부모의 행동을 보고 배우기 때문입니다.

혹시 아이의 잘못된 행동을 아버지에게 이르지는 않았는지요? 선생님한테 이른다고 엄포를 주지는 않으셨는지요?

아이가 잘못했을 때는 그 자리에서 즉시 혼내야 합니다. 조금 더 강해 보이는 아버지나 선생님께 대신 혼내게 하는 행동은 고자질을 불러오는 원인이 됩니다.

고자질은 고자질을 낳습니다. 버릇이 되지 않도록 조금의 기미라도 보이면 당장 극약 처방을 내리세요.

만약 고자질을 하지 않고 문제를 해결했을 시에는 아낌없이 칭찬을 해 주세요. 고자질을 하지 않아도 충분히 부모의 주의를 끌 수 있다는 것을 몸소 느끼게 말이에요.

"칭찬은 고래도 춤추게 한다잖아요."

05
지금 가장 필요한 건 뭐?
집중력!

"선생님, 다했어요."

"네 생각에 대한 까닭이 빠져 있잖아."

"선생님, 이젠 진짜 다했어요."

"까닭이 '재밌어서' 라고?"

교과서 반쪽 분량의 칸에 '내 생각과 그렇게 생각한 까닭'을 쓰는 시간입니다. 시간 타이머를 작동시키고 5분 안에 꼭 쓸 것을 주지시킵니다. 시간 개념이 없는 아이들에게 경각심을 심어주기 위한 기능입니다.

그런데 의외의 복병이 나타납니다. 다른 아이들은 그 문제에 대한 답을 생각하느라고 아직 한 줄도 못 쓰고 있는데, 이 아이는 30초도 안 되어 뚝딱 해가지고 나옵니다. 그래서 설득력이 부족하다고 되돌려보내면 또 30초도 안 되어 금방 몇 자 더 써가지고 나옵니다.

여섯 줄을 채우는 분량인데 겨우 두 줄 쓰고는 다했다고 우깁니다. 글씨가 엉망인 것도 원래부터 악필이라서 그렇다고 우기고, 까닭이 설득력이 적다고 하면 자기는 그런 생각밖에 나지 않는 걸 어떡하느냐며 짜증을 냅니다.

자기 나이 때는 손의 악력이 약해서 원래 글씨를 잘 쓸 수 없다는 둥, 경험이 없어서 까닭을 못 쓰는 거라는 둥, 어디서 주워들은 것은 많아서 핑계가 그럴듯합니다.

그 아이의 모든 교과서에는 생각 없이 쓴 글로 가득차 있음은 두 말할 나위가 없습니다.

타이머 작동이 끝날 때까지 기다리라고 하면 그 시간마저도 지루해하며 잠시도 가만히 있지 못합니다. 혼자서는 재미없으니까 이 사람 저 사람 건드리며 장난을 칩니다.

그런 행동은 전이가 빨라 자신뿐만 아니라 전체 아이에게 영향을 끼칩니다. 생각하기를 싫어하는 아이들이 덩달아 다했다며 여기서 불쑥, 저기서 불쑥 튀어나옵니다.

초등학교의 수업 시간은 40분입니다. 40분 동안 딱딱한 의자에 앉아 꼼짝 않고 집중할 때는 어떤 때일까요? 아마 컴퓨터 게임에 빠졌다거나 비디오를 시청하는 시간일 것입니다.

독일의 심리학자 헬러와 닉켈의 주장에 의하면, 한 번도 쉬지 않고 집중하는 시간이 초등학교 저학년의 경우는 10~15분, 4학년은 25~30분, 중고등학생은 한 시간 정도라고 합니다. 6학년쯤 되어야 40분 정도 집중할 수 있다고 합니다.

집중도가 10여 분 정도밖에 안 되는 저학년 아이들을 데리고 40분 동안 수업을 이끌어가려니 힘이 들 수밖에요.

그래서 초등학교 선생님들은 다양한 시청각 자료를 이용해 아이들의 눈과 귀를 끌어모으려고 애를 쓰고 있습니다. 대학 교수처럼 강의식으로 40분을 수업했다가는 이탈자가 속출할 게 뻔하니까요.

이렇게 노력을 들임에도 불구하고 통제하기 힘든 아이가 있습니다. 집중도가 저학년 평균에서 벗어난 아이가 그렇습니다.

5분 동안 해야 할 일을 1~2분 안에 해치우고 딴짓을 하는 아이가 그런 부류입니다. 좋아하는 일에는 대단한 집중도를 보이지만, 자기가 싫어하는 일은 대충 하는 아이가 그러합니다.

우리 아이가 그런 부류에 속하지는 않는지요? 그럼 우리 아이의 집중력은 얼마나 되는지 한번 테스트해 볼까요?

　아이에게 집중력 테스트니 뭐니 해서 부담을 주지 말고 '누가 빨리 찾나.' 하는 게임 형식으로 부모님과 함께 하면 좋아할 거예요.

집중력 Test ① 숫자 순서대로 찾기

7	21	15	4	11
20	1	12	25	19
14	24	17	9	6
3	18	5	22	16
23	8	13	10	2

👫 가로 세로 5칸짜리 모형을 많이 만들어 놓으세요. 1~25까지의 숫자를 마음대로 쓰게 한 뒤 상대방이 순서대로 찾는 게임을 해 보세요. 누가 빨리 찾았나요? 집중력을 기르면서 부모와 함께 하는 재미있는 놀이가 될 거예요.

집중력 Test ❷ 낱말 10개 외우기

| 호랑이 | 어흥 | 두꺼비 | 떡시루 | 내기 |
| 산꼭대기 | 떼굴떼굴 | 달리기 | 배꼽 | 깔깔깔 |

👫 10개의 낱말을 외운 뒤에 다른 일을 하다가 30분 뒤에 다시 외우기를 하세요. 몇 개의 단어를 외울 수 있나요?

집중력 Test ❸ 무엇이 바뀌었나요?

1. 부모님의 현재 모습을 자세하게 관찰하게 합니다. 이 때 부모님은 정지 동작 상태여야 합니다.
2. 보이지 않는 곳에 가서 모습에 변화를 줍니다.
3. 아이에게 되돌아와 똑같은 정지 동작을 합니다.
4. 무엇이 바뀌었는지 찾게 합니다.

👫 동작을 바꾸든, 옷을 바꾸든 아무튼 바뀐 것을 찾아내게 해야 합니다. 입장을 바꾸어서 해 봐도 좋아요.

집 중 력 Test ❹ 짱구 10개 찾기

짱구	짱구	쩡구	쩡구	쫑구	쫑구	쭝구	쫑구	쯩구	찡구
짱누	쨩누	쩡누	쩡누	쫑누	쫑누	쭝누	쫑누	쯩누	짱구
짱구	쩡구	쩡구	쫑구	짱구	쫑구	쭝구	쫑구	쯩구	찡구
짱누	쨩누	쩡누	쩡누	쫑누	쫑누	쭝누	쫑누	짱구	찡누
짱구	쨩구	쩡구	쩡구	쫑구	쫑구	쭝구	쫑구	쯩구	찡구
짱누	쨩누	쩡누	쩡누	쫑누	짱구	쭝누	쫑누	쯩누	찡누
짱구	쩡구	쨩구	쨩구	쫑구	쫑구	쭝구	쫑구	쯩구	찡구
짱누	쨩누	쩡누	쩡누	쫑누	쫑누	쭝누	짱구	쯩누	찡누
쯩누	쨩구	쩡구	쩡구	쫑구	짱구	쭝구	쫑구	쯩구	찡구
짱누	쨩누	쩡누	쩡누	쫑누	쫑누	쭝누	쫑누	짱구	찡누

👫 가장 어려운 단계입니다. 10개의 낱말을 얼마나 빨리 찾았나요?

네 단계의 테스트 실력이 부모님보다 높은가요? 그렇다면 다행입니다. 부모님보다 낮거나 네 단계의 문제를 하려고 들지 않는다면 집중력이 부족한 아이입니다.

일반적으로 집중력이 부족하거나 산만한 아이들은 병적인 것이 아니라면 애정 결핍이나 스트레스로 인한 것이 대부분입니다.

이 같은 원인으로 인해 아이들은 쉽게 짜증을 내고 화를 내거나 공격적인 성향을 드러냅니다.

그 동안 '산만하다'며 어른들로부터 통제나 부정적인 메시지를 계속 받아왔기 때문에 이것이 누적되어 스트레스로 작용하는 경우가 많습니다.

이런 아이들도 부모와의 관계가 개선되면 행동에 큰 변화를 보이기 마련입니다.

부모와 아이가 가까워질 수 있는 방법 중 하나가 바로 놀이입니다. 재미있는 요소가 접목된 놀이를 부모와 함께 하다 보면 아이들은 자신도 모르게 놀이에 집중하는 방법을 배울 수 있습니다.

이럴 때는 즉각적으로 피드백을 해 주는 것이 좋습니다. 산만한 아이들은 통제력이 약하기 때문에 잠시라도 주의집중을 하게 되면 즉시 칭찬해 주세요. 집중하려는 노력에 대해 격려하는 것도 아이에게 큰 힘이 됩니다.

물론 바람직하지 못한 행동을 할 때는 벌을 줘야 합니다. 하지만 이 벌은 너무 심하지 않아야 합니다.

"너, 10분 동안 꼼짝하지 마!"

"20분 동안 책상 앞에 앉아서 공부해!"

아이가 잘할 수 없는 것을 무리하게 요구하지 말고 최소한 할 수 있는 쪽으로 접근하는 것이 훨씬 효과적입니다.

우리 아이에게 가장 필요한 집중력 키우기. 조급해하지 말고 한발 한발 천천히 내딛으십시오.

06
아직도 아이의 책상을 정리해 주고 계십니까?

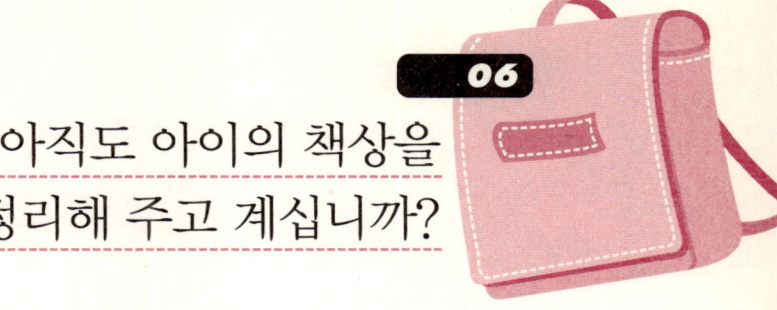

"이 젓가락, 니 거 아니니?"

"동화책을 발 밑에 밟고 있으면 어떡하니?"

"책가방 때문에 걸려 넘어졌잖아."

"네 물건 좀 치울 수 없니?"

책상 주변이 쓰레기장을 방불케하는 아이가 있습니다. 읽던 동화책은 그냥 발 밑에 던져놓고, 미술 시간에 사용하던 풀이나 가위는 아무 데나 굴러다니게 놔두고, 책상 위에는 지난 시간에 배운 교과서가 어지럽게 흩어져 있습니다.

결국 옆짝에게 피해가 돌아가 물건 좀 치우라고 하소연하는데도 못 들은 척 태연합니다.

아예 몸에 배어서 그런지 정작 당사자는 전혀 불편해하지 않습니다. 답답해하는 것은 그것 때문에 불편을 겪는 옆짝과 그런 행동이 눈에 거슬리는 선생님뿐입니다.

이 친구는 하루에도 수십 번씩 책상 좀 정리하라는 선생님의 다그침 소리를 듣습니다. 그 말도 잠시, 또다시 책상 위는 물론이고 책상 주변까지 금방 아수라장이 됩니다.

가장 많이 피해를 보는 옆짝이 불편하다고 호소를 해도 '소 귀에 경 읽기'입니다.

답답한 사람이 우물을 판다고, 옆짝이 대신 정리해 줍니다. 그러거나 말거나 당사자는 당연하다는 듯 받아들이고 당연한 듯 또 어질러놓습니다.

그러다 보니 자기 물건을 자기가 못 찾아서 없다고 징징대며 한바탕 울음을 터트릴 때도 있습니다. 차근차근 찾아볼 생각은 하지 않고 눈에 보이지 않으니 스스로 화가 나는 까닭입니다.

댁의 자녀에게서는 이런 모습이 보이지 않는지요? 보인다면 당장 자기가 사용하는 책상은 스스로 정리하게 하십시오. 단, 무작정 하라고 시키기보다는 책상 위를 치우는 쉬운 일부터 책상

안을 정리하는 어려운 일까지 차츰차츰 난이도를 높여 가는 게 좋습니다.

그리고 정리를 잘했을 때는 아이들이 좋아하는 스티커나 쿠폰으로 칭찬을 해 주십시오. 단, 한 번 잘했다고 아이가 원하는 고가의 물건을 사 주거나 하는 물질적인 칭찬은 오히려 역효과를 냅니다. 그 순간만 잘하는 척하는 아이가 되기 쉽기 때문이지요.

정리하지 못했을 때에는 아이가 좋아하는 것을 못하게 하십시오. 단, 이 방법은 사전에 아이와 약속을 한 후에 실행하는 것이 좋습니다. 부모님의 순간 감정에 의해 못하게 하면 역효과를 가져올 수 있기 때문입니다.

여기서 가장 중요한 것은 정리한 것을 확인한다고 했으면 무슨 일이 있어도 꼭 확인해야 하고, 아이와 한 약속은 작은 것이라도 꼭 지켜야 한다는 것입니다.

이랬다 저랬다 일관성 없게 행동하면 아이에게 불신감만 키워 주고, 부모님의 말을 대수롭지 않게 여기는 원인이 됩니다.

아직도 아이가 어리다고 자녀의 책상을 대신 치워 주고 계시나요? 당장 손을 떼십시오. 아이가 스스로 할 수 있는 능력을 부모님께서 뺏고 계시는 겁니다.

07
아이의 뒤를
졸졸 따라다니지 마십시오

직장을 다녔었는데요, 아이 때문에 그만두었어요. 늦둥이인 데다가 3대 독자여서 제가 끼고 가르쳐야 할 것 같아서요. 1학년 때 제대로 교육을 시켜야 할 것 같아서요. 그런데 생각대로 잘 안 돼요. 아이가 스스로 하려고 하지 않아요. 공부도 통 따라가지를 못하네요. 책가방도 못 챙기고 준비물은 빠트리고 책상 정리도 못하고 제가 일일이 따라다니며 다 챙겨 줘야 하네요. 함께 있으면 금방 잘 될 것 같았는데 더 안 되는 것 같아 속상해요.

아이의 버릇이 고쳐지지 않는 이유는 간단합니다. 아주 손쉬운 일도 어머니가 일일이 따라다니며 챙겨 주기 때문입니다. 그것도 모자라 밥까지 떠먹여 주고 숙제도 어머니가 다 해 주니 아이는 스스로 할 일이 없게 된 거지요.

그렇게 버릇을 들여놓고 아이가 스스로 하기를 바라는 것은 마치 누워서 감이 떨어지기를 기다리는 것과 같은 이치지요.

아무리 3대 독자인 데다가 늦게 얻은 귀한 자식이라고 해도 잘못된 것에 대해서는 엄격한 벌의 잣대를 들이대야 합니다.

그렇지 못하고 아이가 할 일을 어른이 대신해 줘 버릇하면 그것이 몸에 배어서 정작 고치려고 할 때는 고치기가 힘이 드는 법입니다.

아무리 눈에 넣어도 안 아플 자식이라 해도 혼자 할 수 있는 일은 스스로 하게 내버려둬야 합니다.

비록 서툴고 완성도가 떨어진다 해도 혼자 한 것에 대해 칭찬을 해 줘야 합니다. 과잉보호가 아이를 망친다는 사실을 명심해야 합니다.

늘 곁에 붙어 있어 주는 것이, 이것저것 다 챙겨 주는 것이 엄마 역할을 다하는 거라고 생각하면 큰 오산입니다. 그것은 엄마 역할을 하는 게 아니라 아이가 스스로 할 수 있는 싹을 자르는 행위입니다.

아이에게 모든 것을 쏟겠다고 각오했다면 엄마는 생물적인 엄마가 아닌, 이성적인 매니저가 되어야 합니다.

'이 아이 속에 잠재되어 있는 능력은 무엇이며, 어느 길로 인도해야 아이가 행복해할 것인가?'

늘 정보를 수집하고 아이의 취미와 적성에 맞는 프로젝트를 찾아 체험할 수 있도록 이끌어 줘야 합니다. 그게 전업주부이자 매니저가 할 일입니다.

자녀를 너무 사랑하기 때문에 행했던 과보호 양육의 폐해가 그렇게 사랑해 마지않던 자녀에게 돌아가 자녀의 인생을 망치는 결과를 낳는다면 그 때 그 책임을 누구에게 물어야 하는 것일까요?

그 해답은 카프만 부인의 저서 《광야의 샘》에 나오는 이야기에 들어 있습니다.

내 책상 위에는 여러 개의 고치가 있습니다. 거기에는 고치에서 나온 나비도 있고, 그 나비가 나온 조그만 구멍이 있는 고치도 있습니다.

그 작은 구멍으로 저렇게 큰 나비가 나올 수 있으리라고는 아무래도 믿어지지가 않습니다.

나는 어느 날, 이 작은 구멍으로 한 마리의 나비가 나오는 것을 보았습니다.

나비는 그 작은 구멍으로 도저히 나올 수 없을 것 같은데도 긴 시간 갖은 몸부림을 치며 용케도 나오는 것이었습니다.

나는 세상에 첫발을 내딛는 그 가엾은 나비를 도와 주기 위하여 가위로 고치의 구멍을 넓혀 주었습니다.

다른 나비들은 나래가 찢기고 갖은 고통을 겪으며 좁은 구멍을 간신히 빠져나왔으나, 내가 가위로 구멍을 크게 넓혀 준 고치에서 나온 나비는 힘들이지 않고 쉽게 나와서 아무런 상처도 없이 아름다운 날개를 펼쳤습니다.

나는 참으로 잘한 일이라고 생각했습니다. 그러는 동안에 작은 구멍을 겨우 비집고 고통스럽게 나온 나비들은 한 마리, 한 마리씩 날개를 치며 공중으로 날아올랐습니다.

그러나 가위로 큰 구멍을 내 주어서 힘들이지 않고 쉽게 고치에서 나온 나비는 날개를 푸드득거리다가 비실비실 책상 위를 돌더니 얼마 후 지쳐서 잠잠해졌습니다.

나비들은 작은 구멍으로 나오며 애쓰는 동안 힘이 길러지고 물기가 알맞게 말라 쉽게 날 수 있게 되는 것이었습니다. 순간적으로 편하게 하는 것이 진정한 도움은 아닙니다. 힘들고 어려워도 자기가 할 일은 스스로의 힘으로 하게 해야 한다고 생각했습니다.

그렇습니다. 아이에게 지나친 관심은 독입니다.
"자녀 교육의 핵심은 첫째도, 둘째도, 셋째도 혼자 하게 내버려두는 것"이라는 D.H.로렌스의 말을 가슴에 새겨두십시오.

08
절대로
아이에게 지지 마십시오

"이름을 부르면 '네!' 하고 대답하세요. 홍길동!"

"왜요?"

한 녀석이 장난식으로 대답하자 재미있는 모양인지 그 다음 아이도 똑같이 대답합니다.

"임꺽정!"

"왜요?"

"강감찬!"

"왜요?"

화가 난 선생님의 목소리가 커집니다.

"장난치지 말고 똑바로 대답하세요. 이순신!"

"왜요?"

선생님이 드디어 폭발합니다.

"너희들, 내가 좋게 좋게 봐 줬더니 정말 안 되겠구나!"

강사선생님 수업 시간에 흔히 볼 수 있는 광경입니다. 말꼬리를 잡고 늘어지는 학생은 거의가 남학생들이고, 폭발하는 선생님은 젊은 여선생님인 경우가 많습니다.

그런데 문제는 말꼬리를 붙잡고 말장난을 치는 학생들이 담임선생님이 가르칠 때는 모범생이라는 것입니다. 말썽은커녕 학습태도도 좋고 상위권의 성적을 유지하는 아이라는 것입니다.

이런 이중적인 태도를 가진 아이들을 보면 깜짝깜짝 놀랄 때가 많습니다.

문제는 상황에 따라 행동이 달라지는 아이에게도 있지만, 무조건 허용적인 강사선생님에게도 있습니다.

친근함을 핑계삼아 평소에 말꼬리를 받아 주고 장난을 함께 치다 보니 아이들의 버릇이 그렇게 길들여진 것뿐입니다.

그것이 초반에는 서로의 어색함을 풀어 주고 빨리 친해지는 데 일조하지만, 수업을 할 때는 방해 요소로 작용하는 것입니다.

그러다 보니 준비물을 빠트리고 안 가져온 아이도, 숙제를 안 해 온 아이도 기막힌 변명을 늘어놓으며 빠져나갈 궁리만 하는 현상도 생깁니다.

그런 아이는 수업 한 시간을 그냥 흘려보낼 뿐만 아니라 타인의 공부를 방해하는 아이로 전락하고 맙니다.

집에서도 마찬가지입니다.

자애로운 엄마가 아이의 잘못을 추궁하면,

"엄마도 그랬잖아."

하면서 자기의 옳지 못한 행동을 엄마의 약점에 대입시켜 교묘하게 빠져나가려고 합니다.

그런데 엄한 아빠를 만나면 태도가 180도로 돌변합니다. 말대꾸는커녕 끽소리도 못하고 "잘못했습니다"라는 말이 바로 튀어나옵니다.

왜 그럴까요?

마음 약한 엄마는 뻐팅기면 통한다는 것을 미리 간파했기 때문입니다. 엄마는 소리만 크게 질렀지 이빨 빠진 호랑이임을 눈치 빠른 아이가 알아챈 탓입니다.

혹시 양육할 때 무조건적인 허용을 하지는 않았는지 반성해 봐야 할 것입니다.

"아이를 못 이기겠어요."

이런 말이 부모님 입에서 나오면 끝장입니다.

절대 아이에게 져서는 안 됩니다.

'지지 말라'는 것은 아이와 싸워서 이기라는 말이 아닙니다. 권위를 잃어서는 안 된다는 말입니다.

어른으로서의 권위를 잃으면 아이가 잘못된 길을 갈 때 자신 있게 바른 길로 선도할 수가 없습니다. 그것이 안 좋은 것임을 알면서도 허용해 주는 것은 지는 것입니다. 안 되는 것은 하늘이 두 쪽 나도 안 됨을 명확하게 인식시켜야 합니다.

그리고 포기하게 만들어야 합니다. 떼를 쓰고 핑계를 대면 통한다는 인식이 들지 않도록 애초에 싹을 잘라놔야 합니다.

어른은 살아온 날 수만으로도 충분히 훈계할 권리가 있습니다. 당당하게 아이를 훈계하십시오. 대신 물리적인 체벌은 절대 금물입니다.

09
아이에게 먼저
대접을 받으십시오

"엄마, 나 물!"

"어, 그래 그래."

"엄마, 이제 안 먹을 거야!"

"한 숟갈만 더 먹어. 그러면 네가 좋아하는 로봇 사 줄게."

"그럼 한 숟갈만 먹는다. 더 먹으라고 하면 혼내 줄 거야."

오전 내내 다른 친구들과 활발하게 지내던 아이가 죽을 싸들고 온 어머니를 보자 금방 쓰러질 것 같은 표정을 짓습니다.

장에 탈이 나서 아침을 못 먹고 학교에 간 아이의 모습이 무척 안쓰럽다는 듯 어머니는 아이를 무릎 위에 뉘어놓고 한 숟갈 한 숟갈 떠먹입니다.

아이는 안 먹겠다고 칭얼대고 어머니는 사정사정하면서 밥을 먹입니다. 자꾸 투정을 부리니까 물건으로 보상을 해 준다고 어릅니다. 완전 상전이 따로 없습니다.

이 아이의 학교 급식 태도는 어떨까요?

안 봐도 뻔히 그림입니다. 다른 친구들이 급식을 다 먹고 나가서 노는데도, 세월아 네월아 밥 먹을 생각을 하지 않습니다.

한 숟갈 떠먹고는,

"이거 안 먹으면 안 돼요? 토할 것 같아요. 넘어가지 않아요."

별별 변명을 다 댑니다. 어머니와 달리 선생님은 통하지 않으니까 눈물콧물까지 빼면서 밥을 먹습니다.

뭔가 잘못되었다고 생각하지 않나요?

상전으로 떠받들어야 하는 사람은 아이가 아니고 어른입니다. 아무리 세태가 바뀌고 어른보다 아이가 우선이라지만 이것은 아닙니다.

'어른 먼저' 라는 교육부터 시켜야 합니다.

음식에 먼저 손을 대는 것은 아이가 아닌 어른이 되어야 합니다. 그것도 아버지만 먼저가 아닌 어머니도 똑같이 먼저 먹는 어른 속에 동등하게 끼어야 합니다.

그래야 부모님이 아플 때 '어디가 아파요?' 말 한 마디 해 줄 줄 알고, 꿀물이라도 타다 주는 배려심 깊은 아이로 자라납니다.

그렇지 않으면 부모님의 아픔은 늘 뒷전으로 밀리게 되고, 지금 자기 상황이 부족한 것만 이유를 들어 떼를 쓰는 아이로 자라날 것입니다.

나중에 어른 대접을 받고 싶거든 아이를 상전으로 떠받들지 마십시오. 아이가 부모를 상전으로 떠받들도록 먼저 대접을 받으십시오.

10 '우리들은 1학년' 대로만 하면 모범어린이 됩니다

"선생님, 우리 언제 공부 배워요?"

"전 두꺼운 동화책도 다 읽을 수 있어요."

"받침이 두 개인 어려운 글자도 다 쓸 수 있어요. 받아쓰기는 언제 해요?"

"영어로 된 백설공주도 읽을 수 있어요."

초등학교에 들어가면 공부를 엄청 많이 해야 한다고 귀에 못이 박히도록 들은 아이들은 달랑 '우리들은 1학년'이라는 책 한 권을 받아들고는 실망을 합니다.

그도 그럴 것이 '우리들은 1학년'이라는 책에는 색연필로 선

따라 긋고 색칠하기 이외에는 모두가 학교 규칙 지키기, 교통 규칙 지키기, 친구들과 사이좋게 지내는 내용의 삽화만 잔뜩 들어 있기 때문입니다.

글자 쓰기라고는 한글 자음 14자, 한글 모음 10자밖에 쓰는 것이 없기 때문이지요. 학교에 입학하자마자 자신의 읽기와 쓰기 실력을 뽐내고 싶었던 아이들은 실망이 클 수밖에요.

하지만 그것은 아이들 생각이고, 교육학적인 측면에서 '우리들은 1학년'은 너무도 중요한 교과입니다.

유치원과 다른 낯선 초등학교 생활에 잘 적응할 수 있도록 돕기 위해서 만든 교과로 3월 한 달 동안 배웁니다.

'일상에서 가르쳐도 되는 내용을 굳이 교과로 편성해서 80시간을 허비해가며 가르칠 필요가 있을까?'

이렇게 생각한다면 큰 오산입니다.

지금 습관을 잘 들여놓으면 평생 자녀들의 생활 태도나 학습 태도에 잔소리할 필요가 없는 내용이 이 책에 담겨 있습니다. 지식 몇 개를 아는 것보다 중요한 것은 평생 지니고 가야 할 바른 습관이기 때문이지요.

3월 한 달 동안 공부보다는 '우리들은 1학년'에 제시된 습관 들이기에 전념하십시오. 그래야 평생 부모님뿐만 아니라 자녀들도 행복해집니다.

'우리들은 1학년'에서 배워야 할 습관을 잘못 들여서 고학년으로 올라갈수록 힘들어하는 경우를 많이 보았습니다.

자녀가 힘들어하면 부모님도 힘들고 따라서 선생님도 힘들어집니다. 뒤늦게 그 중요성을 깨닫고 고치려 해 보지만 그 때는 이미 늦었습니다.

'우리들은 1학년'의 내용을 그대로 가정에 적용하여, 학교에서나 집에서나 똑같은 습관을 기를 수 있도록 도와 주는 것이 좋습니다. 가정생활은 학교생활보다 느슨해서 습관 들이기가 힘들지만 들여만 놓으면 좋은 게 습관입니다.

그럼 '우리들은 1학년'에 나오는 내용들을 살펴볼까요?

영 역	내 용
기본 생활 규범	몸 청결히 하기 스스로 하기 주변 정리하기 인사하기 질서 지키기 교통 규칙 지키기
학교 생활 환경	우리 반 알기 학교의 모습 알기 놀이기구 이용하기 시설물 이용하기

사회적 관계	나를 알리기 남을 이해하기 새로운 친구 사귀기
기초 학습 기능	학습용구 바르게 사용하기 바른자세로 말하기와 듣기

4가지 영역 중에서 가장 중요한 영역은 '기본 생활 규범' 입니다. 이 규범은 가정에서도 먼저 습관들여놓아야 할 기초적인 생활 습관입니다. 이 습관이 자녀의 몸에 배어 있다면 학교생활의 절반은 성공한 것이나 마찬가지입니다.

가장 쉬우면서도 실천하기 힘든 기본 생활 규범의 6가지 요소를 우리 아이는 잘 실천하고 있는지 체크해 보세요.

우리 아이의 기본 생활 규범 체크하기

혼자서 머리를 감을 수 있나요?	
스스로 가방을 챙기나요?	
자기 책상을 정리하나요?	
이웃 어른들께 인사를 잘하나요?	
질서를 잘 지키나요?	
교통 규칙을 잘 지키나요?	

잘해요○ 못해요×

모두 다 ○인가요? 아니면 모두 다 ×인가요?

여기서 중요한 것은 ○가 ×보다 몇 개 더 많은가가 아니고, 한 분야에라도 ×가 그어져 있으면 안 된다는 사실입니다.

만약 하나라도 ×가 그어져 있다면 그 요소가 몸에 배이도록 반복 훈련을 시켜야 합니다.

아직 어려서 안 된다구요? 크면 저절로 하게 된다구요? 그것은 아이를 무조건 어리고 보호해야 할 존재로 보는, 과보호로 일관된 어른들의 관점일 뿐입니다.

누구에게나 눈에 넣어도 안 아픈 자녀라는 것은 잘 알지만 잘못된 행동을 봐 주는 일은 없어야 합니다.

봐 주다가 그것이 걷잡을 수 없는 상태로 커진 뒤에는 큰코 다칩니다. 부모의 과잉보호는 자녀의 과잉행동을 낳고 나아가 정신질환을 불러들이는 원인이 됩니다.

과잉의 사랑이 독을 불러일으킴을 명심하고 아이들이 할 수 있는 일은 스스로 하도록 훈련하는 것이 중요합니다.

'우리들은 1학년'에 나오는 4가지 영역을 숙지하시고 그대로 습관을 들여 주십시오. '우리들은 1학년' 대로만 하면 모범어린이는 떼어논 당상입니다.

· 제 2 장 ·

입학 전에
갖춰야 할
7가지
부모의 조건

01
학교의 교사는 선생님, 가정의 교사는 부모님

"명색이 아이들을 가르치는 선생인데, 내 자식만큼은 못 가르치겠더라구요."
"욱 하고 손이 올라가고 정말 답답해서 속이 터져요."
"학원을 보내도 그냥 돈만 들어가는 것 같고, 그렇다고 개인 과외를 붙일 수도 없고……."

학부모님의 하소연이 아닙니다. 아이들을 가르치는 선생님들의 자식 얘기입니다.

그렇습니다. 자기 자식만큼은 가르치기가 힘들다는 반증이기도 합니다. 오죽하면 성인인 맹자도 '옛날에는 자식을 바꾸어 가르쳤다'고 했을까요? 조선의 대유학자였던 이지번은 아들 교육을 토정 이지함에게 맡겼고, 대학자인 윤선거도 아들 윤증을 우암 송시열에게 맡겨 가르쳤다고 합니다.

자기 자식이 잘 되기만을 바라는 부모의 집착이 자식을 가르치는 데 걸림돌이 된다는 얘기입니다.

하지만 제 주변에는 학원에 보내지 않고 아이를 직접 가르치는 어머니들이 참 많습니다.

그런 아이는 참 반듯합니다. 가정의 교사인 어머니에게 제대로 교육을 받았기 때문입니다. 그런 아이는 압니다. 어머니가 자기를 가르치면서 얼마나 많은 인내를 하는지…….

참을성이 많은 부모 밑에서 자란 아이가 참을성이 많고, 소리를 지르는 부모 밑에서 자란 아이가 소리를 지릅니다.

가정 교육은 가정의 교사인 부모님의 몫입니다. 혹시 부모 밑에서 배워야 할 가정 교육을 학교에 떠맡기려 하지는 않으셨는지요? 힘들다는 이유로 이 학원, 저 학원으로 내몰지는 않으셨는지요? 학교에서는 담임선생님이 짱이듯이 가정에서는 부모님이 짱이 되어야 합니다.

'교사의 마음가짐 10계명'을 가슴에 새기면서 자녀를 반듯하게 키우는 가정교사가 되시길 바랍니다.

가정교사의 마음가짐 10계명

❶ 내 기분을 아이에게 고스란히 전가시키지 않기

    기분이 좋을 때는 상관없겠지만 나쁠 때라면 아이에게 치명타입니다. 어른의 기분 나쁨을 아이에게 화풀이식으로 전가한다면 그것처럼 아이를 화나게 하는 일이 없을 것입니다.

❷ 아침에 아이와 눈 마주치기

    '엄마, 학교 다녀올게요.' 하고 인사했는데, 아침 준비로 바쁜 어머니가 그냥 지나칠 때가 있습니다. 쉬운 인사말로 보이지만 아이는 대단한 용기를 내어서 하는 행동입니다. 으레 그러려니 묵살하지 마시고, 바쁘다면 눈이라도 마주치세요.

❸ 계획표대로 실천하기

    특별한 사정이 없는 한 계획표대로 움직이세요. 부모님이 마음대로 약속을 어기거나 계획을 변경하면 아이들은 신뢰하지 못합니다.

❹ 약속은 꼭 지키기

아이와 약속한 일은 꼭 지키는 것이 중요합니다. 그래야 부모님의 말을 신뢰하게 됩니다. 대신 약속은 부모님께서 일방적으로 정하지 마시고 지킬 수 있는 범위 내에서 아이와 함께 정하는 것이 좋습니다.

❺ 제 시간 안에 과제물 해결하기

똑같은 과제물을 내었는데도 빠른 아이는 대충하느라 실수가 많고, 느린 아이는 꼼꼼하게 하느라 시간을 지체합니다. 문제는 아예 하려 들지 않는 아이입니다. 이런 아이의 시간 개념을 위해 타이머 기능을 작동시키고 못했을 시에는 불이익을 줌을 인지시키세요.

❻ 저녁 독서 20분 하기

아침 독서는 학교에서 자율학습 시간을 이용하여 주로 하기 때문에 집에서는 저녁에 마무리 독서를 해 주는 것이 중요합니다. 차분하게 책읽는 습관이 든 아이일수록 빨리 학습 습관도 들기 때문입니다.

❼ 저녁식사 후의 한 시간은 자유를

저녁식사 후의 한 시간은 자유를 주세요. 그래야 스트레스를 날려 버릴 수 있거든요. 편하게 대화도 하고, 아이가 하고 싶은 것을 하게 하면서 여유롭게 보내도록 하세요.

❽ 책임감 없는 아이에게는 부자유를

할 수 있는데 안 한 아이에게는 자유 시간을 부여하지 마세요. 놀 수 있는 유일한 시간을 뺏긴 아이는 그래야 정신을 차리거든요. 단, 그런 규칙은 사전에 아이와 약속해야 해요.

❾ 잘못을 저질렀을 때에는 함께 야단치기

손바닥도 마주쳐야 소리가 나듯이 모든 싸움에는 원인이 있고 결과가 있기 마련입니다. 이 때 나이가 많다는 이유 하나만으로 형만 혼낸다면 역효과가 납니다. 원인 제공을 한 동생도 함께 불러서 혼을 내세요.

❿ 잠자리에 들 때에는 한 번 안아 주세요.

아무리 미운 짓을 했어도 잠자리에 들 때에는 한 번 안아 주세요. 부모님께 혼난 아이도 마음을 푸는 시간이에요. 부모님이 자신을 믿는다는 그 느낌만으로도 아이들은 의기충천해져요.

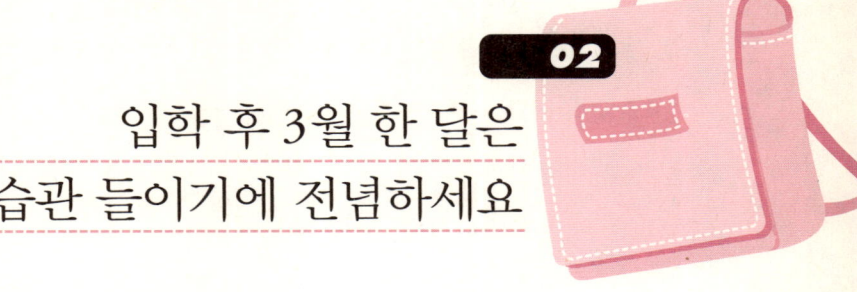

입학 후 3월 한 달은
습관 들이기에 전념하세요

그대는 인생을 사랑하는가?

그렇다면 시간을 낭비하지 말라.

왜냐하면 시간은 인생을 구성한 재료니까.

똑같이 출발하였는데 세월이 지난 뒤에 보면 어떤 사람은 뛰어나고 어떤 사람은 낙오자가 되어 있다.

이 두 사람의 거리는 좀처럼 접근할 수 없는 것이 되어 버렸다.

이것은 하루하루 주어진 시간을 잘 이용했느냐, 이용하지 않고 허송세월을 보냈느냐에 달려 있다.

- 벤자민 프랭클린

대개 입학 후 한 달은 '우리들은 1학년'이라는 한 과목만으로 수업을 합니다.

적응 기간이기 때문입니다. 이 기간은 학교에 적응하기 위한 오리엔테이션 기간이라고 생각하면 됩니다.

길다면 길고 짧다면 짧은 이 시간도 어어 하다 보면 눈깜짝할 사이에 휙 지나가 버리고 맙니다.

처음엔 입학했다는 기분에 취해 1주가 후딱 지나가고, 그 다음부터는 학교 시스템에 맞추어 아이 뒷바라지하느라 허둥대다가 한 달이 그냥 흘러가 버리고 맙니다.

그래서 집에서의 주간 계획표는 꼭 필요합니다.

학교에 입학하면 담임선생님께서 주말마다 주간 계획표를 배부해 줍니다. 이 계획표를 보면 일주일 동안의 학교 일과를 한눈에 볼 수 있습니다.

그것을 토대로 집에서도 일주일의 계획표를 짜야 합니다. 학교에서는 오전 수업까지만 짜여 있으니까 집에서는 오후부터 아이의 일정에 맞추어 계획표를 짜야 합니다.

물론 주간 계획표는 부모님께서 짜 주셔야 합니다. 아이가 해야 할 일도 그 곳에 적어놓으면 좋습니다. 그래야 아이는 주간 계획표를 보면서 스스로 해야 함을 인식하게 되니까요. 아이들

습관을 들이는 데 주간 계획표처럼 실효성이 큰 것도 없습니다.

3월 한 달, 초등학교에 입학했다는 기분에 취해서 엄마도 아이도 그냥 시간을 흘려보내고 있지는 않은지요?

조련사가 되어야 하는 엄마도 독해야 하고 아이도 독해야 하는 시점이 바로 이 3월입니다.

독하다는 말은 소리를 지르고 때리는 그런 물리적인 독함이 아니라 마음이 독해져야 한다는 얘기입니다. 아이의 눈물에 약해지고 웃음에 녹아내려서는 안 된다는 얘기입니다.

마음을 다잡고 입학 후 3월 한 달은 가정의 주간 계획표를 짜서 바른 습관 들이기에 전념하시기 바랍니다.

03 밥상머리 교육이 우선입니다

"선생님, 쟤는요 아직도 밥을 먹어요."
"쟤는요, 김치를 몰래 갖다 버렸어요."
"쟤는요, 밥 먹다 말고 화장실 가서 안 와요."

1학년 교실에서 흔히 볼 수 있는 광경입니다.

점심 급식을 하는 날부터 1학년 선생님은 급식과의 전쟁을 벌입니다. 늦게 먹는 아이, 편식이 심한 아이, 딴짓하는 아이 등등 그런 아이들의 급식 지도를 다 한 뒤에야 늦은 점심을 먹을 때가 많습니다.

국은 다 식고 밥이 코로 들어가는지 입으로 들어가는지 모를 지경이 됩니다. 잘못 길들인 아이들의 식사 습관을 지도하느라 아이들도 힘들고 선생님도 힘이 듭니다.

집에서는 무사통과인데 학교에서는 통과가 안 되니 아이들은 싫어하는 음식을 두고 먹어야 하나 말아야 하나 고민에 빠지고, 선생님은 먹는 것 가지고 감 놔라 배 놔라 훈계를 해야 되니 그것도 죽을 맛입니다. 먹을 때는 개도 안 때린다는데, 먹을 것 앞에 두고 잔소리를 해야 하니 말입니다.

이런 아이들을 상담 지도해 보면 하나같이 똑같은 얘기를 합니다.

"전 집에서도 그래요."

집에서도 이미 익숙해져 버린 식사 습관을 바로잡기는 참으로 힘이 듭니다. 부모님께서는 집에서 못 들인 습관을 학교에서 해결해 주기를 바라지만, 이것은 선생님 혼자만의 힘으로는 될 일이 아닙니다. 밥상머리 교육은 가정에서 먼저 이루어져야 학교에서도 수월해집니다.

이런 잘못된 습관을 고치지 않고 고학년으로 올라가면 그 때는 걷잡을 수 없게 됩니다. 늦게 먹는 아이는 여전히 아이들이 다 먹고 난 뒤에도 세월아 네월아 먹지도 않고 먼산바라기를 합니다. 편식이 심한 아이는 맛있는 것만 더 먹겠다고 얼굴을 붉히는 빈도가 점점 더 심해집니다.

삼겹살이나 치킨 같은 고기류 등 아이들의 선호도가 높은 음식이 나오면 더 먹겠다고 사생결단을 하고 친구와 싸웁니다. 편식이 친구와의 관계를 소원하게 만드는 원인이 되기도 합니다.

딴짓하는 아이는 음식을 먹다 말고 슬그머니 사라집니다. 화장실에 가서 한 시간, 다른 데 가서 또 한 시간, 도대체가 제 시간에 먹어야 한다는 개념이 없습니다.

그래도 1학년이 나은 것은 식사 습관을 고칠 수 있는 적기라는 것입니다. 힘들더라도 습관은 조금이라도 철이 덜 들었을 때 고쳐 주는 것이 훨씬 수월합니다.

학교 급식이 워낙 대량인지라 집의 음식보다 입맛에 맞지 않을 수도 있습니다. 하지만 영양사가 영양가를 고려하여 짠 음식이기에 골고루 먹는 습관을 들이는 것이 좋습니다.

밥상머리 교육, 지금 당장 필요합니다. 아이들의 건강을 위해, 즐거운 학교 생활을 위해 골고루 맛있게 먹는 습관, 지금부터라도 들이세요.

04
잘 풀린 제자 뒤엔 그의 어머니가 있었습니다

한석봉의 어머니가 공부를 도중에 그만두고 돌아온 아들에게, "어둠 속에서 나는 떡을 썰 테니 너는 붓글씨를 써 보아라"라고 한 말은 유명합니다.

그 시합에서 진 석봉이는 다시 공부하러 떠나고, 훗날 세계적으로 이름을 떨치는 명필이 됩니다.

만약 한석봉의 어머니가 엄격하지 못하고 부모와 떨어져 혼자 공부하는 아이가 불쌍해 받아 주었다면 어떻게 되었을까요?

자식의 미래를 위해 어머니만의 강함을 보여 주었기에 한석봉이라는 위대한 명필이 탄생한 것입니다.

자연스레 어머니의 얼굴부터 떠올려지는 제자가 있습니다. 그만큼 제자의 곁을 그림자처럼 따라다니며 뒷바라지했던 어머니인 까닭입니다.

학교를 벗어난 다른 곳에서 유난히 자주 마주쳤던 어머니. 자기에게 투자하는 화장품, 옷가지는 아깝다고 하면서 아이를 위한 프로그램이라면 어디든지 달려갔던 어머니.

이상하게도 그 분과는 버스 안에서 만나기도 하고, 강 건너 도서관에서 만나기도 하고, 대학교에서 만나기도 하고, 또다른 공간에서 만날 때가 많았습니다. 그 어머니의 옆에는 손을 꼭 잡아 쥔 아들이 있었음은 두 말할 나위가 없습니다.

학교 수업을 마친 후에 아이에게 도움이 되는 프로그램만 있다면 어디든지 달려가는 어머니의 극성. 그 극성은 돈이 아닌 정성이었습니다.

어디에 괜찮은 프로그램이 있다더라 하는 정보를 얻기 위해 그 분은 늘 신문이나 정보지를 손에 쥐고 있었고, 주로 무료에 가까운 유익한 강좌를 알아내느라 온 시간을 투자했습니다.

그렇게 열성이더니 상위 몇 %만 간다는 고등학교를 가고, 국내의 최고 대학에서 오라는 것도 거절하고 외국의 유명 대학으로 진출했다는 풍문을 들었습니다.

그 아이의 잠재 능력을 이끌어낸 것은 담임선생님도 아니고 그 아이도 아닌, 바로 그 아이의 어머니였습니다.

남들이 이 학원 좋다더라, 저 학원 좋다더라 하며 부나비처럼 명문학원만을 쫓아다닐 때 뚜렷한 주관과 소신으로 아이의 재능에 맞는 맞춤형 공부를 시켰던 일등공신이지요. 그 아이는 아마 죽을 때까지 어머니를 업고 다녀야 할 것입니다.

제가 만약 그 아이의 어머니였다면 그렇게 비범한 아이로 키우지 못했을 겁니다. 내 자신의 능력을 포기하고 아이를 위해 100% 투자할 용기도 없거니와, 성공한다는 보장도 없는 기나긴 시간을 아이의 매니저가 되어 끊임없이 채찍질해야 하는 싸움을 견뎌낼 자신이 없는 탓이니까요.

교사의 역할은 일 년 동안 아이를 객관적으로 보고 인성 면이나 학습 면에서 진단을 해 주고 코치하는 정도의 역할에 불과합니다. 긴 시간 아이를 조련하고 가이드해야 할 사람은 부모님입니다. 그래서 부모님이 위대하고 양육을 전담한 어머니가 위대하다는 것입니다.

자식 농사는 '십 년 대계' 입니다. 일 년 농사도 마구잡이로 하지 않는데, 하물며 십 년을 내다봐야 할 자식 농사에 설계도가 없다면 실패하기 마련이지요.

'크면 알아서 하겠지.' 하는 시대는 지났습니다. 시간은 금이고, 그 시기에 배워야 할 것은 그 때 배워야 하고, 일찌감치 그 아이가 가진 싹을 발견했다면 키워 줘야 합니다.

그래야 서양인에 비해 신체적으로 열악한 조건을 가진 동양인도 세계적인 스포츠 선수, 세계적인 석학이 될 수 있습니다.

지금 당장 십 년 계획을 세우고 아이들이 많은 경험을 할 수 있도록 준비하시기 바랍니다.

당장 마음을 풀어 줄 수 있는 비싼 물질로만 아이의 마음을 사려 하지 말고, 내 아이의 미래 모습을 내다볼 줄 아는 혜안을 가지고 아이의 재능을 이끌어내기 바랍니다.

유태인 격언 중에 이런 말이 있습니다.

"신은 도처에 가 있을 수 없기 때문에 어머니를 만들었다."

무척이나 공감이 가는 격언입니다.

05 직장맘은 죄의식을 갖지 마십시오

초등 1학년 학생을 둔 직장맘인데요, 직장 다니며 아이를 키우기가 너무 힘들어요.

아침 7시에 출근해서 퇴근해 집에 오면 보통 7시가 넘어요. 열두 시간을 직장에 매여 있다가 집에 오면 파김치가 되지요.

쉬어야 하는데 그 때부터 제겐 제2의 일이 시작되지요. 저녁 준비하고 설거지하고 아이들 숙제 봐 주고… 남편은 더 늦기 때문에 아무 도움도 안 돼요.

문제는 아이가 숙제를 안 해 놓거나 틀린 문제를 계속 틀릴 때는 짜증이 나고, 감정적으로 폭발한다는 거지요.

저도 힘든데, 스스로 잘해 주었으면 좋겠는데 아이가 안 해 주니 너무 힘들어요.

상담을 하다 보면 눈물을 흘리는 어머니는 대부분 직장을 가진 어머니들입니다.

곁에 있어 주지 못하고 전업주부처럼 아이들에게 올인하지 못하는 미안함 때문에 마음껏 야단도 못 칩니다. 그래서 주말에 함께 있으면서 응석을 받아 준다든지, 아이가 원하는 물건을 사 주는 것으로 보상을 합니다. 그것이 옳은 일이 아님을 잘 알면서도 어쩔 수가 없다고 합니다.

여기서 직장맘이 간과하는 사실이 하나 있습니다.

중요한 것은 아이와 함께 시간을 얼마나 보내느냐가 아니라 어떻게 보내느냐입니다. 아이와의 관계는 양보다 질입니다.

오랜 시간 함께 있어도 안 맞는 옷처럼 불편하고 체할 것 같은 사람이 있고, 짧은 시간을 함께 했는데도 오랜 시간 함께 한 것처럼 편하고 기분좋은 사람이 있습니다.

자녀와의 관계도 마찬가지입니다. 하루 종일 붙어 있어도 엄마가 잔소리만 하는 불편한 존재라면 한 시간을 있어도 교감이 가는 쪽이 훨씬 효과가 높습니다.

짧은 시간이지만 엄마의 조언이 영양분이 된다면 그것처럼 좋은 것은 없을 것입니다.

아이에게 무엇을 다 해 주겠다는 생각은 아예 버리고 지금의 처지를 인정하도록 이해시켜야 합니다.

엄마는 직장을 다녀서 직장을 다니지 않는 다른 엄마들처럼 다 해 줄 수 없음을, 그리고 혼자 해야 함을 가르쳐야 합니다. 그것이 슬프다거나 미안하다고 생각해서는 안 됩니다.

학교에서 공부할 때 맘대로 통화를 못하는 것처럼 직장도 일정한 커리큘럼에 의해 돌아가기 때문에 맘대로 전화할 수 없음을 인식시키세요. 자녀를 믿기 때문에 직장에서 맘놓고 일에 열중할 수 있음을 인지시키세요.

자녀에게 올인하지 못함의 미안함은 출근 전, 퇴근 후의 시간과 좀더 여유가 많은 주말을 잘 활용하면 됩니다.

직장맘들이여, 두 마리 토끼는 한꺼번에 잡을 수 없습니다. 있다 해도 슈퍼토끼는 잡을 수가 없습니다.

자신의 처지를 전업주부와 비교하여 끊임없이 자책하지 마십시오. 그들은 자식의 교육을 위해 올인한 사람입니다.

직장에 투자할 시간을 아이들에게 올인한 경우와는 출발선부터가 다릅니다. 가야 할 방향이 다른 사람과 똑같기를 바라는 것은 무리입니다. 대신 아이에게 엄마와 아빠는 직장에서 열심히 일하고 있음을 가르쳐 주기 바랍니다.

　엄마 아빠가 일하는 곳을 한번 견학시키는 것도 좋은 방법입니다. 그럼 아이는 똑같은 시간에 다른 공간에서 엄마 아빠가 열심히 일하는 것으로 믿고 안심합니다.

　뒷바라지를 못해 준다는 이유 하나만으로 갖는 죄의식, 절대 금물입니다.

06 주말에는 아이와 함께 놀아 주세요

"아빠와 함께 배드민턴을 하였다. 내가 이겼다. 하늘을 날 듯 기분이 좋았다."

"받아쓰기 100점 맞았다고 엄마가 삼겹살을 사 주었다. 입에서 살살 녹았다."

"오늘은 집 안 대청소를 하였다. 힘들었지만 가족과 함께 하니까 참 재미있었다."

주말을 보낸 뒤의 월요일 일기장은 참으로 풍성합니다. 만날 축구하고 학원 가고, 똑같은 패턴의 일기를 쓰던 아이들의 글감이 훨씬 풍부해지는 것도 이 때입니다.

아이들은 가족과 함께 한 즐거움을 일기장에 쓴 것도 모자라 자랑하기에 바쁩니다.

"선생님, 저하고 배드민턴 한 판 붙어 보실래요? 크크크, 제가 아빠를 이겼거든요."
"선생님도 그 식당에 가 보세요. 얼마나 맛있는지 몰라요."
"제가 힘이 얼마나 센 줄 아세요? 무거운 책상도 번쩍 들었다니까요."

뭐가 그렇게 신나는지 얼굴에서 함박웃음이 떠나질 않습니다. 들어 보면 별것도 아닌데 아이는 최고의 뉴스라도 되는 양 떠벌리고 다닙니다. 무척 즐거웠던 모양입니다.

이렇게 아이들은 가족과 함께 한 짧은 시간일지언정 무척 감동을 합니다. 값비싼 놀이동산 같은 곳으로 데려간다고 아이가 행복감을 느낄 거라고 생각하는 건 부모의 착각입니다. 아빠가 좋아하는 스포츠 관람, 엄마가 좋아하는 쇼핑도 가족과 함께 하면 즐거운 법입니다.

주말 계획을 짤 때에는 아이 위주로만 짜지 말고 가족 개개인의 취미를 고려하여 짜십시오. 아이의 의견뿐만 아니라 온 가족의 의견을 수용해야 가족끼리의 교감을 듬뿍 쌓을 수 있고 주말이 즐거워집니다. 그리고 함께 나들이갔던 장소의 티켓이나 팜플릿은 버리지 말고 일기장에 붙여놓는 것이 좋습니다. 일기의 글감이 될 뿐만 아니라 추억을 더 오래오래 되새김질할 수 있는 기록물도 되기 때문이지요.

그렇다고 늘상 주말을 바깥으로만 나돌 수는 없는 일입니다. 일상적인 일도 가족과 함께 하면 즐거우므로 집에서 함께 할 수 있는 일을 찾아보는 것도 좋습니다.

재활용품 분리나 설거지 등 끝도 없는 집안 일을 함께 해 보세요. 함께 한다는 것만으로도 즐거운 추억이 됩니다.

단, 해서는 안 될 주말의 모습!

아이를 위한답시고 휴식을 취해야 할 주말을 몽땅 아이에게 투자하는 오류는 범하지 마십시오. 아이의 버릇도 나빠지고, 에너지를 충전하지 못한 부모는 지레 지칩니다.

반대로 아이는 뒷전인 채 엄마는 집안 일을 하고 아빠는 텔레비전 앞에 누워 있는 모습 또한 없애야 할 주말의 문화입니다.

아이들은 단 한 시간을 가족과 함께 해도 즐거운 기억으로 간직합니다. 주말에는 단 한 번만이라도 가족과 함께 하는 즐거움을 경험하게 해 주세요.

07 나는 어떤 형의 부모인가요?

"나는 커서 엄마처럼 되고 싶어요."

"나는 커서 아빠처럼 되고 싶어요."

이 땅의 모든 부모님들이 아이에게 듣고 싶은 최고의 찬사가 아닐까요? 이런 말을 듣는 부모님은 하늘의 별을 딴 것보다 더 행복할 것이라 여겨집니다.

눈에 넣어도 안 아플 자녀의 멘토가 부모님이라는 데에야 기쁘지 않을 사람이 없을 테니까요.

그럼 나는 자녀의 멘토가 될 자격이 있는 부모일까요? 자신을 객관적으로 돌아보고 어느 유형에 가까운지 체크해 보세요.

나는 어떤 형의 부모인가요?

독재형	부모의 기준에 따라 칭찬과 체벌을 하며 아이에게 복종을 강요하는 형.
민주형	아이 스스로 결정하게 하고 책임도 지게 하는 의견 존중형.
허용형	아이가 원하는 것은 무엇이든 다 들어 주는 과잉보호형.
방임형	아이에게 관심이 없고 하고 싶은 대로 그냥 내버려두는 방치형.

－자녀와의 대화가 단절된 독재형인가요?

－가장 능동적이고 바람직한 민주형인가요?

－요즘의 부모에게 가장 많다는 허용형인가요?

－아이에게 전혀 관심이 없는 방임형인가요?

　가장 바람직한 민주형이라면 자녀의 멘토가 될 자격이 충분합니다. 그렇지 않다면 지금이라도 늦지 않았으니 민주형의 부모로 거듭나시기 바랍니다.

• 제 3 장 •

미리 알아두면
좋을 10가지
학교 상식

01
유치원과 초등학교는 많이 다른가요?

"선생님, 우리 애가요, 유치원에서는 잘한다는 소리를 들었는데 초등학교에 보내고 보니 아닌 것 같아요."
"공개 수업할 때 보니까 우리 애가 주눅이 들어서 발표도 못하더라구요. 유치원 때는 앞에 나서서 잘했는데 참 속상해요."

네, 당연히 다를 수밖에요. 가르치는 대상과 성취 목표가 다르니 이런 혼란이 오는 것은 당연합니다.
유치원은 학령이 안 된 유아를 대상으로 쉬운 유희나 음악, 공작 따위를 가르치는 교육 시설이고, 초등학교는 아동들에게 기본적인 교육을 실시하는 곳으로 대한민국 국민이라면 누구나 의무적으로 다녀야 하는 교육 기관입니다.

　유치원은 활동이나 놀이 중심의 교육 과정으로 운영되기에 그런 방면에 재능이 있는 아이가 두드러져 보이고, 초등학교는 학습 면에 중점을 두기 때문에 그 쪽 방면에 재능이 있는 아이가 두드러져 보이는 것일 뿐입니다.

　아주 간단하게 유치원과 초등학교 교실을 비교해 보면 금방 알 수 있는 일입니다.

　친구들을 바라보며 얘기를 나눌 수 있는 모둠 형식의 책상 배치를 하는 유치원과 선생님을 정면으로 바라보는 강의식 책상 배치를 하는 초등학교를 떠올려 보십시오.

　어느 쪽이 학습 집중도가 더 높겠는지요? 당연히 선생님을 정면으로 바라보는 강의식 책상 배치가 도움이 됩니다.

그래서 학기 초에는 대부분의 선생님들이 아이들의 학습 태도를 바로잡기 위해서 강의식 책상 배치를 선호합니다.

특히 1학년은 집중력이 10여 분 정도밖에 안 되는 탓에 강의식 책상 배치를 합니다. 모둠 배치를 하면 친구들과 한없이 떠들고 주의집중을 안 하기 때문이지요.

이렇듯 유치원과 초등학교는 물리적인 환경부터가 다릅니다. 환경이 바뀌면 당연히 생활 태도도 바뀌어야 합니다. 아이는 물론 뒷바라지하는 부모님의 마음가짐도 유치원에서 벗어나 1학년으로 바뀌어야 합니다.

유치원에서 잘했던 기억만 떠올리며 마음앓이를 하고 있다면 아이 또한 똑같은 가슴앓이를 하면서 스트레스를 받음을 인지하십시오.

자녀의 능력을 알아 주지 못하는 사회가 틀린 게 아니고 유치원과 초등학교 교육의 포커스가 다를 뿐입니다. 유치원에서 잘했으면 초등학교에서도 잘할 수 있을 것이라는 믿음을 갖고, 빨리 우리 아이에게 키워 주어야 할 덕목이 무엇인지를 찾으시기 바랍니다.

여덟 살은 제도권 교육에 첫발을 내딛는 시기입니다. 원보다 더 큰 학교라는 사회에 한 발을 내딛었음을 의미합니다.

단위가 커질수록 규칙과 규범도 더 엄격해집니다. 그 제도권 하에서 아이가 즐겁게 생활할 수 있도록 부모님께서는 학교 교육과 연계하여 지도해야 할 것입니다.

이제 첫 출발을 했을 뿐이니 너무 조급해하지 마시고, 유치원 때의 자녀 모습과 비교하지 마시고, 어느 방향으로 첫 발걸음을 내딛어 아이를 인도할 것인지를 생각하시기 바랍니다.

김구 선생님의 애송시이자 서산대사의 선시를 마음 속으로 되새겨 보며……

踏雪野中去(답설야중거) 눈 덮인 들길을 걸어갈 제
不須胡亂行(부수호란행) 함부로 흐트러지게 걷지 마라
今日我行跡(금일아행적) 오늘 남긴 내 발자국이
遂作後人程(수작후인정) 마침내 뒷사람의 길이 되리니

02 한글은 떼고 들어가야 하나요?

"한글은 떼고 들어가야 하나요?"
"미리 교과서로 선행학습을 시키는 것이 좋은가요?"
"영어유치원을 나왔는데 국어를 못 따라가면 어쩌지요?"

 1학년 첫 걸음인만큼 학습에 대한 부모님들의 걱정은 끝이 없습니다. 학생은 배우는 게 본업이므로 모든 일의 포커스가 학교 공부에 맞춰지는 것은 당연합니다.
 미리 공부를 시키면 지레 흥미를 잃을까 걱정이고, 그냥 보내면 뒤처질까 걱정입니다. 이래도 걱정, 저래도 걱정입니다.

가르치는 교사들 또한 마찬가지입니다.

선행학습을 너무 많이 한 아이는 수업 시간에 흥미를 잃어 딴 짓을 해서 걱정이고, 아예 한글을 몰라 이해를 못하는 아이는 몰라서 딴짓을 하니까 또 걱정이고, 0점부터 100점까지 벌어지는 개인 편차 때문에 어떻게 가르쳐야 하나 걱정입니다.

그래서 대부분의 선생님들은 중간 정도의 수준을 보고 가르칠 때가 많습니다. 그러니까 어느 정도의 레벨은 갖춰 줘야 한다는 것이지요.

다만 분명한 것은 수학은 몰라도 한글만큼은 당연히 떼고 들어와야 한다는 것입니다. 떼는 정도가 아니라 유창하게 읽고 바르게 쓰는 것까지 익혀 온다면 금상첨화겠지요.

쓰기 교과서 2단원에 나오는 내용을 예로 들어보겠습니다.

> 오늘 소푼은 매우 재미있었다.
> 동물들과 친해지고 맛있는 음씩도 먹었다.
> 그러나 집으로 가는 길을 몰라 무섭기도 했다.
> 앞으로는 집 주소와 전하번호를 꼭 기억해야겠다.
>
> ♠ 새롬이가 잘못 쓴 낱말을 고쳐 봅시다.
>
> 소푼 ➡ ☐☐   음씩 ➡ ☐☐   전하 ➡ ☐☐

느낌이 오시나요?

아이는 이 문제를 해결하기 위해 지문을 읽어야 하고, 또 읽은 것 중에서 잘못된 낱말을 찾아서 바르게 고쳐 써야 합니다. 읽기와 쓰기의 기초가 되어 있지 않으면 그 어느 것도 할 수 없는 상황에 처하게 됩니다.

더 나아가 글자를 모르면 다른 교과의 지문도 읽어내지 못해 수업을 못 따라가는 경우도 생겨납니다.

'아직도 한글을 떼고 들어가야 하나요?' 를 외치시렵니까? 당연히 마스터하고 들어와야 합니다.

한글 터득의 가장 **빠른** 방법은 독서입니다. 가장 쉬우면서도 실천하기 어려운 방법이기도 합니다.

조용히 앉아서 책을 읽는 아이면 괜찮은데 잠시도 가만히 있지 못하는 아이를 붙잡아두려면 많은 인내가 필요할 테니까요.

책을 싫어하는 아이일 경우에는 혼자 책을 읽는 방법이 아닌, 어머니와 함께 번갈아가며 소리 내어 읽는 방법도 좋습니다. 부모가 책을 많이 읽어 준 아이는 책을 읽거나 발표할 때 발음, 억양, 끊어 읽기가 정확하기 때문입니다.

부모님과 함께 읽으면 모르는 단어가 나오면 바로 질문할 수 있고, 큰따옴표가 나오는 부분에서는 주인공처럼 실감나게 읽는 다는 것도 깨우치기 때문입니다.

"하늘천 따지 검을현 누루황……."

도령의 낭랑한 천자문 읽는 소리가 문 밖으로 새어나오면 밥을 먹지 않아도 배가 불렀던 조상님들처럼, 아이의 동화책 읽는 소리가 공부방 밖으로 새어나와 행복한 하루하루를 보내시기 바랍니다.

낭독은 가정에서 권하고 싶은 책읽기 방법입니다. 하지만 여러 사람이 있는 곳에서는 그것이 타인에게 피해를 준다는 것쯤은 깨우쳐 줘야 하겠지요?

덧붙여 한글의 기본 자음 14자와 모음 10자는 기본으로 익혀야 한다는 것도 잊지 마시구요.

꼭 익혀둬야 할 자음 14자

기역	니은	디귿	리을	미음	비읍	시옷
ㄱ	ㄴ	ㄷ	ㄹ	ㅁ	ㅂ	ㅅ

이응	지읒	치읓	키읔	티읕	피읖	히읗
ㅇ	ㅈ	ㅊ	ㅋ	ㅌ	ㅍ	ㅎ

꼭 익혀둬야 할 모음 10자

아	야	어	여	오	요	우	유	으	이
ㅏ	ㅑ	ㅓ	ㅕ	ㅗ	ㅛ	ㅜ	ㅠ	ㅡ	ㅣ

어떤 교과를 배우나요?

"예비 초등맘이에요. 초등학교 1학년 교과서는 모두 몇 권이에요?"
"초등학교 1학년 교과서는 어디서 구할 수 있나요?"
"국어책이 세 권이나 되던데, 국어 시간에는 책을 다 가지고 다녀야 하나요?"

초등학교에 자녀를 처음 보내는 부모님의 마음은 1학년 아이들과 같아서 궁금한 게 참 많습니다.

우리 아이가 다니는 학교는 어떤지, 담임선생님은 좋은 분일지, 어떤 교과서로 어떻게 공부할지 등등등.

입학하면 자연스레 알게 될 일임에도 불구하고 입학하기 전까지는 노심초사 전전긍긍하기 마련입니다.

먼저 학교에 보낸 이웃사촌에게 물어보고, 여기저기 귀동냥에 인터넷 사이트를 뒤적이며 눈팅도 해 보지만 속시원한 답은 나오지 않습니다.

입학을 코앞에 두면 누구나 다 그렇게 되는 모양입니다. 심지어는 아이를 가르치는 직업을 가진 동료조차도 제게 조언을 구할 때가 많습니다.

"우리 애가 올해 초등학교에 입학하는데 걱정이야. 아직 한글을 떼지 못했거든. 한글을 재미있게 공부할 수 있는 좋은 책 알면 소개 좀 해 줘 봐."

"영어유치원을 괜히 보냈나 봐. 영어는 잘하는데 한글을 통 안 배우려고 해. 이래 가지고 1학년 과정을 따라갈 수 있을지 걱정이야."

자식 앞에 서면 누구나 이렇게 작아지는 모양입니다.

그래도 박수를 쳐 드리고 싶은 것은 아이의 장단점을 알고 최적의 방법을 찾아서 시도하고 있다는 것입니다.

'지피지기면 백전백승'이라고, 미리 알고 준비하면 시행착오를 겪지 않고 손쉽게 접근할 수 있는 까닭입니다.

부모님들이 궁금해하는 초등학교 1학년 교과는 다음과 같이 구성되어 있습니다.

우리들은 1학년		학교 생활에 적응하기 위한 내용으로 구성되어, 3월 한 달 동안 학습합니다.
국어	듣기·말하기 읽기 쓰기	듣기·말하기 2시간, 읽기 3시간, 쓰기 2시간 등 일주일에 총 7시간을 배웁니다.
수학	수학 수학익힘책	수학교과서로 공부하고 수학익힘책은 자율학습이나 평가자료로 활용합니다.
바른생활	바른생활 생활의 길잡이	바른생활로 공부하고 생활의 길잡이는 실천한 것을 스스로 평가하는 보충 지도 자료입니다.
슬기로운 생활		사회·과학의 통합교과로 일주일에 3시간을 배웁니다.
즐거운 생활		체육·음악·미술의 통합교과로 일주일에 6시간을 배웁니다.

'우리들은 1학년'은 새로운 학교 환경에 잘 적응하도록 하기 위한 내용으로 구성된 교과입니다.

  기본적인 생활 규범을 익히고 바른 인간 관계를 형성하여 학교 생활을 원만하게 할 수 있도록 가르치는 교과로, 3월 한 달 동안 배우게 됩니다.

  4월부터는 국어, 수학, 바른생활, 슬기로운 생활, 즐거운 생활을 배우게 됩니다.

  일주일에 국어는 7시간, 수학은 4시간, 슬기로운 생활은 3시간, 즐거운 생활은 6시간, 바른생활은 2시간을 배웁니다.

  그리고 고정된 시간표가 배부되고 그에 맞추어 학교 생활을 하게 됩니다.

  여기서 꼭 잊지 말아야 할 것은 수학과 수학익힘책, 바른생활과 생활의 길잡이는 꼭 함께 가지고 다녀야 한다는 것입니다. 보충 교재의 성격이 강하기 때문에 실과 바늘처럼 붙어다녀야 하는 교과서라는 것, 꼭 기억하세요!

04
미리 선행학습을 해야 하나요?

"선생님, 쟤는요 집에서 다 풀었다고 공부 안 해요."
"야, 그거 엄마가 해 준 거 아냐? 니가 푼 거 맞니?"
"선생님, 미리 해 오는 건 반칙이지요?"

아이들은 미리 문제를 풀어 온 친구에 대해 볼멘소리로 항의합니다. 선행학습을 해 온 친구가 학습에 열심히 참여했으면 아무 일이 없었을 텐데, 다했다고 놀면서 옆에 있는 아이들을 방해한 탓에 일어나는 현상입니다.
특히 수학 시간에 이런 경우가 많이 생깁니다. 미리 선행학습을 시킨다고 부모님께서 수학과 수학익힘책 모두 그 날 배울 분

101

량뿐만 아니라 뒤의 문제까지 다 풀도록 시켰기 때문입니다.

　그 아이의 한 시간 수업 모습은 어떨까요? 미리 공부했기 때문에 선생님 말씀을 더 잘 들을까요?

　그것은 큰 오산 중의 오산입니다. 미리 다해 온 아이는 백발백중 수업 시간에 딴짓을 합니다.

　선행학습시킨다고 교과서를 미리 풀어오는 오류를 범하지 마시기 바랍니다. 아이의 학습 태도를 망치는 지름길입니다.

　그럼 선행학습은 하지 않는 게 좋냐구요? 아닙니다. 예습은 권하고 싶은 참 좋은 학습 방법입니다. 왜냐하면 마음 자세가 되어 있기 때문입니다. 해외여행을 갈 때 그 나라의 지리나 역사를 알고 가면 아는 만큼 보이게 되어 있습니다. 하지만 아무 생각 없이 가게 되면 놀았던 기억밖에 나지 않습니다.

　공부 또한 그렇습니다. 오늘 배울 것에 대한 기초 지식을 쌓은 뒤에 학습에 임하면 공부 내용이 머리에 쏙쏙 들어오게 되어 있습니다. 다만 교과서로 직접 예습하지 말라는 뜻이지요.

　잡힌 고기에게 먹이를 주지 않듯이 아이들은 다한 것을 지우고 다시 풀거나 주의집중해서 듣는 그런 성인은 못 되기 때문입니다.

　요즈음은 교과서와 연계된 학습서들이 많이 나옵니다. 교과서는 아니지만 책의 내용을 바탕으로 구성하였기 때문에 공부하는 것 같지 않게 재미있게 예습을 할 수 있습니다.

국어 예습을 시키고 싶다면 제가 쓴 《백점 만점의 100점 받아쓰기》로 공부를 시키는 것도 좋습니다.

명칭은 받아쓰기이지만 교과서 내용을 바탕으로 했기 때문에 글씨 쓰기 연습을 하면서 학습까지 할 수 있습니다. 그래서 자신 있게 국어 교과 예습용으로 추천해 드립니다.

저뿐만 아니라 현직에 계시는 학교 선생님들이 쓴 책들 중에는 괜찮은 것이 참 많습니다. 아이들이 무엇을 어려워하고 재미있어하는지를 잘 알고 아이들의 입장에서 책을 쓰기 때문에 이론가들보다는 훨씬 실제적입니다.

그리고 국어교과서의 지문으로 등장하는 원전을 미리 읽혀두는 것도 좋은 방법입니다. 교과서 맨 뒷장을 보면 교과서에 실린 지문의 원전 목록이 자세히 실려 있습니다.

교과서에 실린 이야기들은 교과서에 맞도록 재구성하였기 때문에 원전에 비해 읽는 맛이 훨씬 떨어집니다. 원전을 구해 읽는 것도 권하고 싶은 선행학습의 한 방법입니다.

05 하루 일과는 어떻게 되나요?

"아침에 몇 시까지 등교해야 하나요?"

"수업 시간은 몇 분인가요?"

"급식은 식당에서 하나요, 교실에서 하나요?"

아이들이 1학년이면 부모님도 함께 1학년이 됩니다.

아이들이 호기심에 이것저것 물어보듯이 부모님도 어떻게 뒷바라지를 해야 할지 궁금하긴 마찬가지이기 때문입니다.

그럴 때는 사정없이 묻고 또 물어야 합니다. 자녀가 입학할 학교에 전화로 문의를 하든지, 아니면 학교 홈페이지에 들어가 관련 사항을 클릭하면 됩니다.

홈페이지의 경우 학교마다 사정이 달라 시정표가 개방된 곳도 있고 회원만 보는 경우도 있기 때문에 감안하셔야 합니다.

시정표는 거의 모든 학교가 비슷합니다. 수업 시작 시간이 조금 차이가 나기는 하지만 대체로 9시나 9시 20분에 1교시 수업을 시작하여 12시 10분이나 12시 30분 사이에 4교시 수업이 끝납니다.

4교시 후에는 점심 급식을 하고 하교를 시킵니다. 초등학교의 수업 시간은 40분이고 쉬는 시간은 10분입니다.

'우리들은 1학년'을 배우는 3월 한 달은 첫주에는 2교시만 수업하고, 둘째 주에는 3교시, 넷째 주에는 4교시 수업에 점심 급식까지 하면서 차츰차츰 적응 강도를 높여 갑니다.

그리고 4월부터는 '국어, 수학, 바른생활, 슬기로운 생활, 즐거운 생활' 교과를 배우며 4교시까지 정상 수업을 하게 됩니다.

초등학교는 9시경에 수업을 시작하기 때문에 아침 등교 시간은 대체로 8시 30분 정도가 됩니다.

너무 이르게 학교에 오거나 헐레벌떡 수업 시간에 임박해 오는 아이도 있지만, 학교에서 정한 시간에 늦지 않도록 습관을 들이는 것이 중요합니다.

학교마다 다르겠지만 1교시 수업 전의 아침 자율학습 시간에는 대체로 독서를 하거나 선생님이 내 준 학습지를 풉니다.

독서의 중요성이 그 무엇보다 강조되는 시대라 아침 독서를 시행하고 있는 학교가 많습니다. 학습지를 푸는 것보다 훨씬 권하고 싶은 아침 자습 방법입니다. 아이들의 두뇌가 가장 맑은 시간이고 책을 읽으며 차분히 첫째 시간을 맞이할 수 있기 때문입니다.

가장 바람직하지 못한 아침 자습 형태는 땀을 뻘뻘 흘리며 운동을 하는 것입니다. 체육을 좋아하는 남학생들에게서 많이 발견되는 모습입니다.

1교시 수업 시간에 임박해 뛰어들어와 상기된 얼굴로 숨을 헥헥 몰아쉬고 있는 아이들이 과연 수업에 집중할 수 있을까요?

그래서 저는 아침 시간만큼은 운동을 하지 못하게 합니다. 대신 점심시간에는 나가서 맘껏 뛰어놀게 합니다.

아침 자율학습 시간이나 쉬는 시간에 차분히 책을 읽을 수 있도록 책 1권은 항상 넣어 다니는 것이 좋습니다.

학교에 도서실이 있거나 학급문고에 책이 많이 구비되어 있다면 일 년 동안 읽을 책의 목록을 정해놓고 다 읽도록 약속하는 것도 좋은 방법입니다. 그것이 번거롭다면 학교에서 정한 필독

도서를 읽히는 것도 좋은 방법입니다.

아침 독서 20분이면 일 년이면 100권의 책도 충분히 읽을 수 있습니다.

저의 경우는 107권 읽기를 목표로 했는데 두 달도 채 안 되어서 다 읽은 아이가 나와서 깜짝 놀란 적도 있습니다.

학교에 시정표가 있는 것처럼 가정에서도 가정만의 시정표를 만들어 시간에 따라 생활해 보는 것도 좋을 것입니다. 아이들이 시간 개념에 익숙해지도록…….

06 알림장은 매일 써 주나요?

"선생님, 우리는 알림장 안 써요?"
"안 써 가면 엄마한테 혼난단 말이에요."
"선생님, 알림장에 뭐라도 써 주세요."

점심 급식을 끝내고 집에 가는 아이가 칭얼댑니다. 주간 계획표에 일주일의 준비물과 과제를 제시했음에도 불구하고 알림장은 매일 써 가야 하는 것으로 잘못 인식한 탓에 나오는 해프닝입니다.

주간 계획표는 말 그대로 일주일간의 계획표입니다. 그날 그날 배울 교과서의 내용뿐만 아니라 준비물과 과제, 중요한 알림

사항이 계획표에 모두 제시되어 있습니다.

하루하루가 아닌 일주일이라는 긴 시간을 두고 미리 집에서 준비하라고 담임선생님이 고민해서 만든 계획표가 주간 계획표입니다.

"주민등록등본 1통을 갑자기 어떻게 떼어 온담."
"유리병을 이 시간에 어디서 구한담."
"주사위를 사야 하는데 문방구가 문을 닫아 버렸어."

늦게 퇴근하고 돌아왔는데 아이의 알림장을 보고 기겁한 적은 없었는지요? 준비물을 챙겨 주느라 문방구나 마트로 이리 뛰고 저리 뛴 적은 없는지요?

주간 계획표에 일주일의 준비물이 제시되어 있지 않고 매일매일 닥쳐서 알림장에 제시하는 선생님은 친절한 게 아니고 계획성이 없는 선생님입니다. 가사 일이나 직장 일로 바쁜 부모님에 대한 배려가 전혀 없는 선생님입니다.

'매일 알림장 써 주는 선생님=친절한 선생님' 이라는 이상한 공식에서 헤어나십시오.

주간 계획표를 처음 받아들었을 때나 낯설지, 시간이 지나면 아이들은 금방 익숙해져서 일주일 텀으로 이루어진 계획표대로 생활하는 것을 편하게 여깁니다.

아이 스스로 주간 계획표를 보고 교과서와 준비물을 챙기고, 미리미리 숙제를 해놓는 습관이 생긴 탓입니다. 그렇게 습관이 든 아이는 친구가 이런저런 핑계를 대며 안 해 올 때 이렇게 충고합니다.

"여기 봐 봐, 주간 계획표에 다 나와 있잖아."
"교과서는 자기 스스로 챙기는 거라고 선생님이 말했잖아."
"네가 스스로 할 수 있는 일인데 왜 엄마 핑계를 대니?"

선생님 입에서 나올 법한 얘기를 아이가 합니다. 이럴 때는 철없는 어른보다 아이가 훨씬 낫다는 생각이 들기도 합니다.

무슨 뜻인지도 모르고 적은 알림장, 그 글을 보고 분통을 터트리는 부모님, 늦게 퇴근해 준비물을 사지 못해 동동거리는 직장맘의 모습은 이제 사라져야 하지 않을까요?

요즈음은 학급 홈페이지가 잘 되어 있어서 매일매일 알림 사항을 볼 수 있는 편리한 창구가 있습니다. 급한 알림장은 학급 홈페이지를 이용하는 게 더 효과적이지 않을까요?

만약 준비물이나 과제를 그날 그날 닥쳐서 알림장에 제시하는 선생님이 계시다면 당장 요청하십시오. 주간 계획표에 일주일치를 한꺼번에 자세하게 제시해 달라고…….

07 개인 사물함은 있나요?

"사물함 안이 완전 전쟁터 같아요."

"책상 안이 완전 고물상이에요."

"어쩜 그렇게 집에서 하는 행동과 똑같을까요?"

아이를 데리러 학교에 왔다가 아수라장이 된 책상 안과 사물함을 보고는 기겁을 합니다.

책상 안에는 온갖 잡동사니들이 가득 차 있고, 사물함은 물건들이 뒤죽박죽 뒤엉켜 있는 까닭입니다.

이런 상황에 직면했을 때 부모님들은 두 가지 형태의 모션을 취합니다.

첫번째는 부모님이 직접 정리해 주는 스타일이고, 두 번째는 아이에게 정리하라고 시키는 스타일입니다.

어느 쪽이 더 많을까요?

아이는 울라울라 놀고 있고 부모님이 대신 정리해 주는 쪽이 훨씬 더 많습니다. 그저 학교에 다니는 것만으로도 기특해서 다 해 주고 싶은 마음이 드는 모양입니다.

하지만 귀여운 것도 한때입니다. 그것이 버릇이 되어 고학년으로 올라가서도 같은 행동을 한다면 그 때도 과연 치워 줄 마음이 생겨날까요?

'네가 몇 살인데 아직도 내가 뒤따라다니며 치워야 되냐!' 고 소리를 지르거나 얼굴을 붉히지 않을 자신이 있으신지요?

제일 말을 잘 들을 때인 지금 바로 잡아야 합니다. 아이 스스로 다 정리정돈할 때까지 늦더라도 지켜봐 주셔야 합니다.

여기서 우선시되어야 할 것은 물건을 정리하는 방법부터 가르쳐 줘야 하는 것입니다.

대체로 교실의 사물함은 텅 빈 사각형의 공간입니다. 이 곳에는 주로 미술용품과 음악용품, 체육용품이 들어갑니다. 크레파스, 풀, 가위, 색연필, 스케치북, 리듬악기, 줄넘기, 딱지 등등.

아이들은 그냥 쌓아두기를 좋아합니다. 무조건 크고 무거운 것은 아래에, 작고 가벼운 것은 위에 올립니다.

문제는 하나를 꺼낼 때마다 온통 난리법석이 된다는 것입니다. 동화책은 세워놓고, 자주 안 쓰는 물건은 뒤쪽에, 매일 쓰는 것은 앞쪽에 이런 정리 개념이 없습니다.

아이들이 편리하게 사용할 수 있도록 다양한 크기의 상자를 이용해 정리하는 습관을 들여 주는 것이 좋습니다.

풀, 주사위, 숫자카드, 바둑돌 같은, 작아서 잃어버리거나 굴러다닐 수 있는 물품은 작은 상자에 담아 정리할 수 있도록 상자를 마련해 주는 것이 좋습니다.

집에서도 똑같이 책상 정리하는 법, 사물함 정리하는 법을 가르쳐 주면 아이는 쉽게 습관을 들일 수 있습니다. 아이들이 헤맬 때 보면 몰라서 못하는 경우가 많거든요.

아이들이 자주 쓰는 책상과 사물함은 아이 스스로 정리정돈하는 습관을 들여 주세요. 그래야 아이의 학교 생활도 정리정돈된 사물함처럼 덩달아 반듯반듯해집니다.

08
일기는 매일 써야 하나요?

"가장 기억에 남는 거, 그런 거 없는데?"
"그림은 뭘 어떻게 그리라는 거야?"
"글은 뭐라고 쓰면 되는 거야?"

　잠자리에 들려는 아이를 붙잡고 그림일기를 쓰게 하려니 여간 고역이 아닙니다.
　하루 중 가장 인상 깊었던 일을 생각해내라고 하면 아이는 그런 게 없다고 짜증을 내고, 엄마는 무엇을 쓰게 할까 짜내려니 홧증이 납니다.
　무슨 그림을 그릴지도 설명해 줘야 하고, 글 또한 칸에 맞게

115

맞추어 줘야 합니다.

그림을 성의없이 그리면 다시 그리라고 닦달해야 하고, 또 글씨를 지렁이같이 쓰면 이렇게 해서는 선생님께 혼난다고 지우고 다시 쓰게 합니다. 그림일기 한 편 완성하는 게 완전 전쟁입니다.

아이는 아이대로 스트레스를 받고 시키는 엄마는 엄마대로 스트레스를 받습니다. 일기를 매일 써야 하는 건지 되려 묻고 싶은 심정이 됩니다.

네, 그런 출혈을 감수하고서라도 일기는 당연히 써야 합니다. 그런 만큼 보람이 큰 것이 일기 쓰기이기 때문입니다.

일기 쓰는 것도 습관입니다. 처음이 힘들지 방법을 가르쳐 주고 습관을 들여놓으면 그것처럼 쉬운 게 없습니다.

물론 매일매일이 똑같은 일상에서 일기의 글감을 잡아내는 일은 쉽지 않습니다.

성인인 부모님께 매일 일기를 쓰라고 한다면 아마 손사래부터 칠 겁니다. 연말연시에 편지 한 장 쓰는 것도 말문이 막혀 그만둔 경험이 많으실 테니까요.

똑같습니다. 아이한테도 일기는 그런 존재와 같습니다. 막연히 어렵고 두려운 존재…….

이럴 때 가장 좋은 방법은 매일 반복되는 일상을 세분화하여 사소하고 보잘것없는 일에도 의미를 부여하여 글감으로 택하게 하는 것입니다.

일기의 글감 찾기

한 일	친구를 도와 주어 칭찬받은 일. 반찬투정하다가 꾸중들은 일.
본 일	개미가 먹이를 나르는 것을 본 일. 규칙을 어기는 상급생을 본 일.
들은 일	유치원 때 헤어진 친구의 소식을 들은 일. 할머니가 오신다는 소식을 들은 일.
느낀 일	동화책 주인공의 행동에 대한 내 생각. 즐겨보는 프로그램을 시청한 뒤의 느낌.

그리고 힘들게 쓴 일기장은 두꺼운 겉표지를 씌워 한 권의 책으로 제본하십시오. 일 년치 일기장을 묶어서 책으로 제본하여 주는 학교도 많습니다. 그렇게 되면 졸업할 때까지 6권의 자서전이 탄생하는 셈입니다.

졸업한 제자들이 한결같이 하는 말이 있습니다.

"6년 동안의 일기를 책으로 만든 게 저의 보물 1호예요. 지금도 가끔 보거든요. 제가 이런 때도 있었나 기특할 때가 많아요."

제본할 요량이라면 그림일기장도 똑같이 공책 크기의 일기장으로 마련하십시오. 스케치북이나 A4 크기의 일기장은 휴대하기도 불편할뿐더러 많은 시간을 일기장에 투자해야 하는 단점이 있습니다.

힘들지만 일기는 매일 쓰게 하시고, 일 년치를 묶어서 꼭 책으로 제본해 주세요.

독서 시간이 따로 있나요?

"학교에 따로 독서 시간은 없나요?"
"학교에서라도 책을 많이 읽혔으면 좋겠어요."
"필독도서를 빨리 선정해 주세요."

책과 친하지 않은 자녀를 둔 부모님께서 가장 많이 요구하는 사항입니다. 이렇게 해서라도 책을 가까이하는 아이로 만들고 싶은 소망 때문입니다.

네, 독서의 중요성은 백만 번 강조해도 지나치지 않습니다. 그런 까닭에 학교에서는 아침 독서 시간을 고정적으로 마련하기도 하고, 학년별 필독도서를 지정하여 100권 읽기 운동을 펼치기도 합니다.

학급에 따라서는 담임선생님의 재량에 따라 독서퀴즈, 독서왕 뽑기, 독서연극 같은 프로그램을 운영해 책을 가까이 할 수 있는 동기를 부여하기도 합니다.

책보다는 컴퓨터나 게임에 빠지기 쉬운 아이들을 책으로 이끌려는 노력을 많이 하고 있습니다.

독서량이 풍부한 어린이는 한글을 빨리 터득할뿐더러 어휘력도 풍부해 고학년으로 올라갈수록 빛을 발한다는 것을 너무도 잘 아는 까닭입니다.

책을 가까이 하는 아이로 키우고 싶으신가요? 그럼 도서관 이용을 적극 권합니다.

요즘의 도서관은 책만 빌려 주고 열람만 하는 곳이 아닙니다. 주민들에게 편의를 제공해 주는 프로그램을 많이 운영하고 있습니다.

자녀와 함께 있어 줄 수 없어 전전긍긍하는 맞벌이 부모들의 고민을 해결해 주는 동시에 믿고 맡길 수 있는 안전한 곳이기도 합니다.

게다가 영화감상을 하는 시청각실도 있고, 컴퓨터를 할 수 있는 곳도 있고, 배가 고프면 저렴하게 요기를 할 수 있는 식당도 있어서 편리합니다.

서울특별시 강서구의 도서관을 예로 들어보겠습니다.

강서구에는 강서도서관 이외에도 길꽃어린이도서관, 꿈꾸는어린이도서관, 우장산작은도서관, 푸른들청소년도서관 등이 있습니다.

강서도서관에서는 종이접기, 미술, 동화구연, 북아트, 영어해피잉글리쉬, 역사교실, 하모니카교실을 무료, 혹은 저렴한 비용으로 오전부터 오후 늦게까지 운영합니다.

제가 운영위원으로 있는 꿈꾸는어린이도서관에서는 어린이생물교실, 나는 고고학자, 그림으로 읽는 옛날이야기, 크레이아트, 종이접기 취미반, 겨울방학 독서교실을 무료, 혹은 저렴한 비용으로 오전부터 오후 늦게까지 운영합니다.

낮에는 이용할 수 없는 주민들의 편의를 위해 평일에 오후 10시까지 운영하는 곳이기도 합니다.

맹자의 어머니가 그랬다지요? 자녀의 교육을 위해서 세 번을 이사했다구요.

길은 찾아보면 얼마든지 있습니다. 가능하다면 부모님이 아이와 함께 도서관에 갈 것을 적극 추천합니다. 아이만 책을 읽게 하는 일방통행식의 독서가 아닌, 부모님도 함께 책을 읽는 습관을 기른다면 참으로 행복한 추억이 되겠지요?

학교에서만 독서 능력을 길러 주길 기다리지 마시고 당장 도서관 회원증을 끊어서 아이와 함께 도서관으로 가십시오. 도서관의 책 속에는 무한한 꿈이 숨어 있습니다.

선생님과의 면담은 어떻게 하나요?

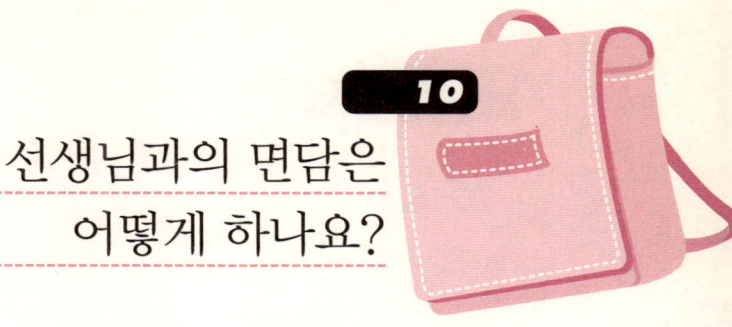

"세상에서 제일 힘든 게 선생님 찾아뵙는 거예요."
"상담하는 데 얼마나 가시방석이던지 진땀이 다 나더라구요."
"불쑥 전화하기도 어렵고 만나뵙기는 더욱 어렵더라구요."

동료들의 하소연입니다. 상담을 해 줘야 하는 선생님의 입장이면서도 자식을 둔 부모의 입장이 되면 담임선생님을 찾아뵙기가 어렵다는 말입니다.

그러니 부모님들은 오죽하겠습니까? 자식을 맡겨놓으면 아무리 친한 친구 사이일지라도 함부로 대하기 힘든 게 인지상정입니다.

그렇다고 팔짱 끼고 선생님한테만 맡겨놓는다는 식으로 무관심해서도 안 되고, 반대로 사사건건 학급 운영에 참견해 감 놔라 배 놔라 하는 것도 도움이 안 됩니다.

가장 좋은 방법은 면담 주간에 선생님을 직접 만나뵙고 상담을 받는 것입니다. 선생님은 어떤 마인드를 가지고 학급 운영을 하는지, 우리 아이는 어떤 것을 잘하고 어떤 것을 보충해야 하는지 터놓고 얘기를 나누는 것이 좋습니다.

제가 근무하는 학교의 경우는 일주일가량 면담 주간을 지정해서 상담 시간을 갖습니다.

1학기에는 주로 생활 지도에 대한 상담을 하고, 2학기가 되면 성적을 바탕으로 학습 상담을 합니다. 맞벌이하시는 부모님을 고려해서 퇴근 이후의 늦은 시간까지 남아서 상담을 합니다.

학부모님들도 어려운 자리이고 선생님들도 30여 명의 학부모님을 상대로 면담을 하는 것이 힘들어 포기하고 싶은 생각이 들 때도 있지만, 꼭 필요하다는 중론에는 변함이 없습니다.

상담을 하다 보면 가장 듣기 좋은 말이 있습니다.

"우리 애가 다른 아이에게 피해를 주지는 않는지요?"

"혼자 자라서 자기 것만 챙기려 하는 이기적인 모습은 보이지 않는지요?"

어울려 사는 공동체의 한 일원임을 중점에 두고 가정교육을 하는 부모님임을 알 수 있습니다.

반면에 가장 듣기 불편한 말이 있습니다.

"진즉 인사를 드렸어야 하는데……."

"자주 찾아뵙지 못해서 죄송해요."

아직도 학교는 무언가를 들고 와서 찾아뵙는 곳이라는 인식이 깊게 박힌 부모님임을 알 수 있습니다.

학교는 인사를 받는 곳도 아니고, 자주 찾아뵈어야 하는 곳도 아닙니다. 그런 부적절한 인식을 아직도 가지고 계신다면 당장 태평양 한가운데에 던져 버리십시오.

학교는 아이를 위해서 상담하고 함께 머리를 맞대고 의논하는 곳입니다. 아이 문제를 의논하고 싶을 때는 사전에 선생님과 시간을 조율해서 언제든지 상담하는 문화가 필요합니다.

선생님과의 면담 주간을 적극 활용하시고, 마음 편하게 면담하시고, 선생님의 교육 철학을 믿고 맡겨놓으십시오.

• 제 4 장 •

미리 알아두면
좋을 21가지
교과 상식

국어 01
국어는 왜 책이 세 권이나 되나요?

"너, 왜 듣기·말하기 책 안 가져왔니?"
"엄마가요, 읽기 책으로 잘못 넣어 줬어요."
"그럼 오늘은 제대로 가져왔겠지?"
"아, 모르고 쓰기 책으로 잘못 가져왔어요."

국어 책이 세 권이나 되다 보니 이런 일은 다반사로 생깁니다. 예전처럼 한 권이면 챙기기도 간편할 텐데 왜 세 권이나 되는 걸까요? 책의 권수만큼 중요한 과목이라고 생각하시면 이해가 빠를 것입니다.

국어는 일주일에 총 7시간을 배웁니다. 듣기·말하기 2시간,

읽기 3시간, 쓰기 2시간을 공부합니다.

　월요일부터 토요일까지 국어를 배우지 않는 날이 없다는 얘기이고, 저학년에서는 가장 많은 시간을 할애해 공부하는 교과라는 뜻입니다.

　국어는 사람과 사람간의 의사소통 수단이자 사고 수단이며 문화적 특성을 특정짓는 가장 일차적인 도구입니다. 그래서 국어를 도구 교과라고 합니다.

　한국인의 정체성을 드러내는 명백한 표징인 국어는 다른 교과와 밀접한 관계가 있습니다.

　기본적인 읽기와 쓰기가 되지 않으면 모든 교과를 잘하고 싶어도 뒤떨어지게 됩니다.

　수학에서도, 슬기로운 생활에서도, 즐거운 생활에서도, 바른 생활에서도 텍스트를 읽어내지 못하니 수업에 흥미를 잃는 것은 당연합니다.

　공부 시간도 많아지고 난이도도 높은 고학년으로 올라갈수록 더욱 더 격차가 벌어짐은 두 말할 나위가 없을 것입니다. 그래서 두손 두발 다 들고 포기하는 경우도 생깁니다.

　외국에서 생활하다 들어온 아이가 국어를 못해서 학력부진아로 낙인찍혀 실력을 인정받지 못하는 경우도 생겨납니다. 영어

실력이 국어에 묻혀서 제대로 평가받지 못하는 실례라 할 수 있습니다.

국어의 여섯 가지 영역 중 〈듣기, 말하기, 읽기, 쓰기〉는 언어 활동의 핵심으로, 듣기와 읽기는 이해의 영역이고 말하기와 쓰기는 표현의 영역에 속합니다.

그러면 이 네 가지 영역 중 가장 많은 비중을 차지하는 언어 활동은 무엇일까요?

듣기입니다. 두 번째가 말하기, 그 다음이 읽기, 마지막이 쓰기입니다. 이 네 가지 영역 중 요즘 아이들이 제일 못하는 영역은 무엇일까요?

역시 듣기입니다.

일반적으로 언어 교육이라고 하면 읽기와 쓰기만을 생각하는 사람들이 많습니다. 그러나 잘 듣는다는 것은 의미를 이해하는 것과 예절바른 자세 모두를 포함하는 것이기에 가장 일선에 놓아야 할 교육입니다.

아이의 하루 일과를 떠올려 보십시오.

아침에는 알람시계 소리를 듣고 일어나고, 빨리 학교 가라는 엄마의 재촉 소리를 들으며 등교합니다. 학교에서는 선생님의 강의를 듣고, 놀 때는 친구들의 얘기를 들어 줍니다.

집에 와서는 텔레비전 오락 프로를 보면서 즐거워하고, 잘 때는 엄마가 들려 주는 이야기나 음악을 들으면서 잠이 듭니다.

듣기가 일상의 대부분을 차지함에도 우리는 말하기와 읽기, 쓰기를 강조합니다. 그런 탓에 이런 부류의 아이를 많이 볼 수 있습니다.

'선생님의 말이 끝나기도 전에 끼어들어 흐름을 끊는 아이, 친구의 말을 끝까지 듣기는커녕 떠들고 딴짓을 하는 아이……'

아이가 이런 행동을 보인다면 따끔하게 혼을 내서 고치도록 해야 합니다.

'귀가 둘이고 입이 하나인 것은 말하기보다 듣기를 두 배로 하라는 뜻'이라는 탈무드의 격언을 명심하시기 바랍니다.

국어 02
'어처구니' 없는 맷돌을 보셨나요?

"누가 주인공처럼 실감나게 읽어 볼 사람?"
"선생님, 쟤가 엄청 잘해요. 유치원 때 주인공 역할을 엄청 잘했어요."
"그래? 그럼 한번 나와서 해 볼래?"
"(귓속말로)선생님, 전 글을 못 읽어요. 어떻게 해요?"

아이들이 추천해서 불려나온 아이는 연기력은 뛰어나지만 아직 글을 제대로 읽지 못하는 아이였습니다.

유치원 재롱잔치에서 뛰어난 연기력을 발휘할 수 있었던 것은 엄마가 읽어 주는 대본을 귀로 듣고 외운 탓이었습니다.

하지만 초등학교에서는 달라진 상황에 적응을 못해서 그 아이는 결국 즉흥극을 하지 못하고 말았습니다. 뛰어난 연기력이 글을 못 읽음으로 해서 빛을 발하지 못한 케이스입니다.

이처럼 읽기 능력은 국어 시간뿐만 아니라 다른 교과에도 크나큰 영향을 미칩니다. 그래서 국어 교과를 '어처구니'에 비교하곤 합니다.

어처구니 없는 맷돌을 보셨나요? '어처구니'란 '맷돌에 달린 나무 손잡이'를 말합니다.

나무 손잡이가 없는 맷돌은 아무 쓸모가 없습니다. 어처구니 없이 곡식을 갈려면 윗돌을 붙잡고 돌려야 하는 정말 어처구니 없는 일이 생깁니다.

어처구니가 달려 있어야 수수, 콩, 팥 등의 곡식을 제대로 갈 수 있듯이 국어를 제대로 해야 다른 교과도 수월하게 공부할 수 있습니다.

국어 시험뿐만 아니라 모든 시험 문제가 한글로 출제된다는 사실을 모르지는 않겠지요? 그래서 국어는 중요합니다.

아무리 수학을 잘해도 문제를 이해하지 못해서 틀리는 경우를 많이 보았습니다. 이것이 바로 국어를 제일선에 올려놓아야 하는 이유입니다.

하지만 교과서는 재미없는 텍스트임에 분명합니다. 재미있는 동화책처럼 읽고 끝나는 쉬운 활동이면 좋은데, 꼭 텍스트를 읽고 나서는 문제를 풀라고 하니 재미없을 수밖에요.

그 멋대가리없는 텍스트를 가르치는 건 당연히 힘든 일입니다. 그나마 학교에서는 각종 시청각 자료를 이용해 가르치니 흥미를 돋울 수 있지만 부모님은 그런 자료 없이 생으로 가르치려니 더욱 힘들 수밖에요.

그러니까 집에서는 교과서로 직접 가르치려고 하지 마세요. 우선 교과서에 실린 작품의 원전을 구해 읽히세요. 그 책을 사는 것이 가장 손쉬운 방법이겠지만 도서관 활용을 적극 권하고 싶습니다.

아이가 직접 도서관에 가서 책을 찾아보고, 그 곳에서 책을 읽고 공부하는 사람들의 모습도 보고 하면 저절로 책이라는 것에 흥미를 갖게 될 것입니다.

저학년 교과서에는 주로 이솝우화나 전래동화가 예문으로 많이 나옵니다.

집에서 미리 비슷한 맥락의 책을 읽은 아이는 확연히 표가 납니다. 선생님 말씀을 쏙쏙 받아먹는 것은 물론이고 수업 시간에

눈이 초롱초롱해집니다. 다른 친구들 앞에서 자기의 지식을 자랑하는 맛 때문이지요.

예를 들어 읽기 3단원에 있는 이솝우화 '소 세 마리'를 배울 때 소와 관련된 다른 이야기를 알고 있는 사람이 있냐고 묻는다면 자신있게 손들 수 있는 아이가 과연 몇 명이나 될까요?

이솝우화	소와 개구리
전래동화	소가 된 게으름뱅이
위인전	황희 정승과 두 마리의 소 이야기

이솝우화에 나오는 '소와 개구리' 이야기를 할 수 있다면 독서량은 중, 전래동화인 '소가 된 게으름뱅이' 이야기까지 할 수 있다면 상, 위인의 일화인 '황희 정승과 두 마리의 소 이야기' 까지 알고 있다면 최상이라고 할 수 있겠지요.

최상급의 아이는 단번에 아이들에게 상식이 풍부한 아이로 발돋움하고 아이들의 우상이 됩니다.

하지만 독서량이 적어 이솝우화를 한 번도 접해 보지 않은 아이는 이야기 자체를 모르기 때문에 흥미가 반감될 수밖에 없습니다. 한 시간 동안 아이들이 맞장구치며 웃을 때 그냥 먼 동네의 얘기려니 멍하니 있을 수밖에요.

지금 당장 책의 기본이라 할 수 있는 이솝우화와 전래동화는 꼭 마스터하도록 하세요. 그래야 아이가 풍부한 맥락에서 생각의 키를 넓혀나갈 수 있습니다.

책이 곧 지적 재산이고 국어 공부의 지름길입니다. 어처구니 없는 맷돌이 되지 않으려면 책책책, 책을 읽읍시다!

국어 03
스피드 퀴즈로 어휘력을 길러 보세요

"선생님, 이번 시간에 꼭 스피드 퀴즈 하게 해 주세요."
"안 돼, 진도가 안 나가서 오늘은 시간을 내어 줄 수가 없어."
"우리 모둠 숙제도 다하고, 지각도 안 하고, 준비물도 다 가져왔단 말예요. 약속대로 기회를 주셔야죠?"
"그래도 지금은 시험 기간이라서 안 돼. 열공 기간이라고 했잖아."
"아, 선생님! 이번 한 번만요~."

시험 기간이라 공부를 더 시키려고 하는 선생님의 바쁜 마음과는 상관없이 아이들은 스피드 퀴즈에 목을 맵니다.

　잘했다고 상을 주는 것도 아니고 스티커를 주는 것도 아니고 칭찬카드를 주는 것도 아닌데, 아이들은 그게 하고 싶어서 쉬는 시간마다 졸졸졸 따라다니며 하게 해 달라고 애원합니다.

　"스피드 퀴즈가 그렇게 재미있니?"
　"네! 엄청 재밌어요."
　"왜?"
　"기록을 깨는 게 재미있어요."

　다른 모둠이 세워놓은 신기록을 깨는 재미로 아이들은 기를 쓰고 스피드 퀴즈를 하려 듭니다.
　낱말카드의 낱말은 국어교과서에서 추출했기 때문에 썩 재미있거나 톡톡 튀는 낱말이 아님에도 불구하고, 아이들은 기록 깨는 재미에 맞들려 한 번만 기회를 달라고 애원을 합니다.
　그 한 번의 기회를 얻기 위해 숙제도 다해 오고 지각도 안 하고 준비물도 다 챙겨옵니다. 수많은 잔소리보다 스피드 퀴즈가 아이들에게 더 특효약임은 두 말할 나위도 없습니다.
　왜 그렇게 하고 싶어할까요? 공부를 놀이화시켰기 때문입니다. 공부라는 코드에 놀이를 접목시키면 아이들은 하지 말라고 해도 기를 쓰고 하려고 합니다.

어려워하는 것, 재미없는 것들을 이렇게 놀이화시키면 아이들은 저절로 흥미를 갖게 되고 동기 유발이 됩니다.

낱말 스피드 퀴즈는 텔레비전의 유명 오락프로그램을 본따 만든 놀이입니다. 텔레비전에서는 모니터를 통해 글자를 제시하지만 학교에서는 A4용지를 4등분한 크기의 낱말카드를 이용해 놀이를 합니다.

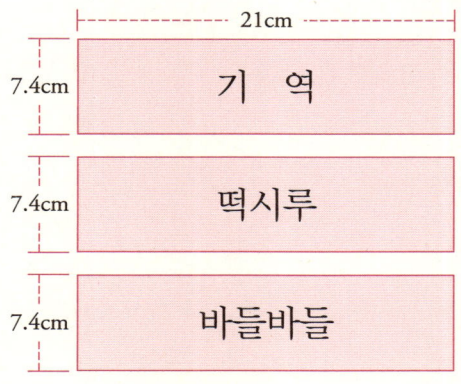

학교에서는 자석칠판에 붙였다 떼었다 할 수 있도록 낱말카드 뒷면에 자석을 붙여놓았습니다. 그래야 아이들이 맘껏 그 자석 낱말카드를 가지고 스스로 놀이를 할 수 있으니까요.

쉬는 시간이나 점심 시간에 아이들은 자석낱말카드를 가지고 똑같은 방법으로 놀면서 좋아라 합니다. 배우는 단원이 늘어나고 낱말카드의 수가 늘어나면서 어휘력이 늘어나는 것은 두 말 할 나위도 없습니다.

집에서도 이와 같은 방법으로 낱말카드를 만들어 부모님과 함께 해 보는 것이 좋습니다. 자기가 만든 것이 놀이도구가 될 때 아이들은 무한한 보람을 느끼거든요.

만드는 방법은 아주 쉽습니다. A4용지를 4등분한 종이에 크레파스나 매직으로 원하는 낱말을 적게 합니다.

학교와 같이 자석낱말카드로 만들지 않아도 좋습니다. 자석낱말카드는 놀이를 하는 아이들뿐 아니라 보는 관객들도 중요하기 때문에 가시효과를 생각해 만든 것입니다. 집에서는 종이나 두꺼운 마분지 같은 것을 사용하면 됩니다. 종이가 너덜너덜해질 때까지 사용하는 것도 즐거운 경험이 됩니다.

스피드 퀴즈를 아래와 같은 방법으로 해 보는 것도 좋습니다.

집에서 할 수 있는 낱말카드 놀이

❶ 부모님과 아이가 각각 카드 4장씩 준비합니다.

❷ 카드에 각각 설명하려는 낱말을 적습니다.

❸ 부모님이 카드에 적힌 낱말을 설명하면 아이는 그 낱말을

알아맞힙니다. 설명하는 사람은 낱말의 특징이 잘 드러나게 설명해야 합니다.
❹ 알아맞히면 아이가 카드를 가져가고, 알아맞히지 못하면 부모님이 가져갑니다.
❺ 반대로 아이가 설명합니다.
❻ 카드를 많이 모은 사람이 이깁니다.

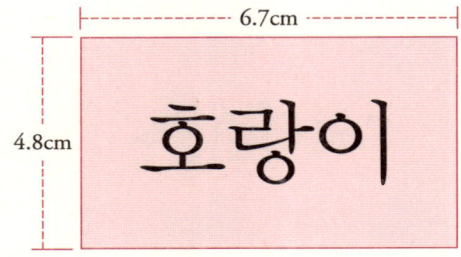

카드에는 이런 류의 낱말이 들어가면 좋습니다.

과일	수박, 배, 사과, 바나나, 딸기, 감, 포도, 참외
악기	피아노, 하프, 바이올린, 탬버린, 캐스터네츠, 북
탈것	자동차, 자전거, 비행기, 배, 기차
동물	호랑이, 사자, 하마, 기린, 오리
학용품	그림물감, 붓, 연필, 자, 지우개, 공책, 앨범

혹시 저녁식사 후 무의미하게 텔레비전이나 보면서 시간을 보내시지는 않는지요? 지금 당장 낱말카드를 만들어 가족들과 게임 한 판 해 보는 것은 어떨런지요?

국어 04
언제 어디서나 할 수 있는 '끝말잇기' 놀이

"선생님, '술'로 시작되는 낱말이 뭐가 있을까요?"

"글쎄, 선생님도 잘 모르겠는데?"

"아무리 생각해도 모르겠단 말예요. 빨리 가르쳐 주세요."

"안 돼. 천천히 떠올리면 생각날 거야."

"씨~, 선생님 미워할 거야."

끝말잇기 시간의 풍경입니다. 여기저기서 이어질 말을 모르겠다고 아우성입니다.

'로'로 시작되는 낱말은 뭐예요?

'님'으로 시작되는 말엔 뭐가 있어요?

이렇게 하소연을 하는 부류의 대부분은 한 번도 끝말잇기를 해 본 경험이 없는 아이들입니다.

예를 들어 '빨' 자로 시작되는 낱말 중 '빨래'를 써놓고는 '래'로 시작되는 말이 없다고 못하겠다고 투덜거립니다. 뒤에 이어질 글자를 생각해서 끝말이 쉬운 글자를 생각해내야 하는데 한 낱말에만 집착하고는 없다고 징징댑니다.

'빨'로 시작되는 낱말에는 '빨강, 빨가숭이, 빨대, 빨래, 빨판상어' 등 여러 가지가 있습니다.

빨가숭이나 빨판상어는 잘 모른다고 해도 흔히 쓰는 빨강과 빨대는 생각하려 하지 않고 빨래에만 집착하다 보니 이런 경우가 생깁니다.

끝말잇기는 한번 재미를 붙여놓으면 무료할 때 언제 어디서나 할 수 있기 때문에 아주 유용한 놀이입니다. 또한 성별연령 제한 없이 남녀노소 누구나 할 수 있다는 이점도 있습니다.

맨손으로 4박자에 맞추어 끝말잇기를 할 수도 있고, 읽기 교과서 5단원에 소개된 것처럼 끝말잇기 놀이판을 이용해서 할 수도 있습니다. 지금 당장 아이와 함께 끝말잇기 놀이를 하면서 언어의 유희에 흠뻑 빠져 보세요.

재미있는 끝말잇기 놀이판

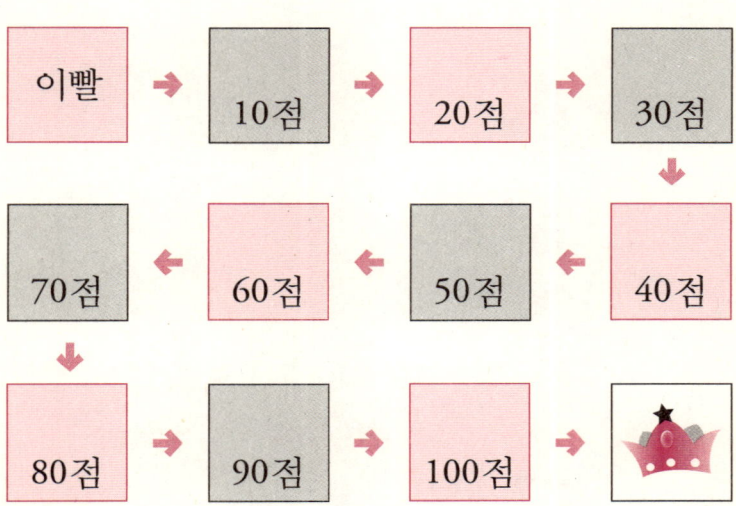

국어 05
'받아쓰기 놀이'로 즐겁게 받아쓰기하세요

"시계의 계가 '아이' 예요, '여이' 예요?"

"왠지의 왜가 '오애' 예요, '우에' 예요?"

"목걸이의 걸이를 받침 글자로 써요, 소리 나는 대로 써요?"

"설거지의 거지를 소리 나는 대로 써요, 받침 글자로 써요?"

아침부터 받아쓰기 하자고 의기양양해 있던 아이들이 어려운 글자가 나오자 금세 풀이 죽어 하소연을 합니다.

"받아쓰기도 시험인데 절대 가르쳐 주면 안 되지."

하는 선생님의 말에 실망했다는 듯 머리를 쥐어짭니다. 오늘 100점을 맞아서 자랑하고 싶었는데 그게 어그러질까 봐 노심초사하는 모습입니다.

한글은 과학적이지만 참 어려운 글자임에 틀림이 없습니다. 받아쓰기에 자신 있다고 큰소리칠 수 있는 어른들이 과연 몇이나 될까요?

목걸이는 받침 글자로 쓰고, 설거지는 소리 나는 대로 쓰기 때문에 아이들은 많이 헷갈려합니다.

이런 예는 많이 있습니다. '목걸이, 옷걸이, 걸음'과 같이 받침 글자로 써야 하는 경우가 있는가 하면, '목거리, 설거지, 뻐꾸기, 거름'과 같이 소리 나는 대로 써야 하는 경우도 있습니다.

이럴 때는 사전에서 그 뜻을 찾아 명확하게 설명해 주는 것이 이해를 돕는 지름길입니다.

목걸이는 보석 따위로 된, 목에 거는 장신구를 뜻하고, 목거리는 목이 붓고 아픈 병을 뜻한다는 것, 설거지는 먹고 난 뒤 그릇을 씻어 정리하는 일이고, 설겆이는 틀린 말이라는 것…….

늘상 틀리는 글자를 반복해서 틀리는 아이는 이런 방법으로 가르치다 보면 틀림의 빈도가 현저히 줄어들 것입니다.

한글 공부도 다 때가 있습니다. 1학년에서 받아쓰기를 강조하는 것도 이 시기가 적기이기 때문입니다. 저학년 때 익혀야 할 글자를 제대로 익히지 못하면 난이도가 높은 낱말이 홍수처럼 밀려드는 고학년에서 이해 용량이 부족하여 아이들 자신이 무척 힘들어합니다.

반면 완벽하게 끝내고 올라간 아이들은 자신감이 붙어 국어 학습은 물론이고 창의력을 요하는 글짓기까지 탄력을 받아 실력이 쑥쑥 늘어갑니다.

"선생님, 오늘 받아쓰기 안 해요?"
"어제 엄마랑 받아쓰기 공부 많이 해서 엄청 쉬워요."

100점짜리 공책을 들고 어머니한테 자랑하는 아들딸의 모습을 보고 싶다면 당장 받아쓰기 연습을 하시기 바랍니다.

놀이와 접목시켜 재미있게 받아쓰기 공부를 할 수 있는 방법을 소개해 드립니다. 쓰기 교과서 3단원에 나오는 받아쓰기 놀이입니다.

받아쓰기 놀이

❶ 낱말이나 문장을 카드에 적은 다음 글자가 보이지 않게 뒤집어 놓습니다.

❷ 가위바위보를 하여 이긴 사람이 먼저 카드에 적힌 낱말이나 문장을 짝에게 불러 줍니다.

❸ 짝이 정확하게 받아쓰면 그 카드를 짝에게 줍니다. 틀리게 쓰면 자기가 가집니다.

❹ 카드가 없어질 때까지 번갈아가며 합니다.

❺ 카드를 많이 모은 사람이 이깁니다.

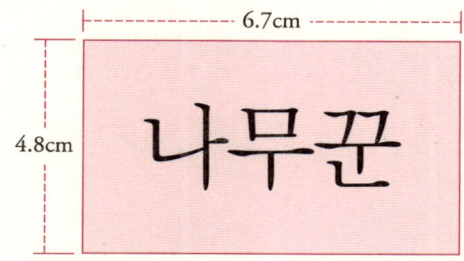

수학 01
수학은 뭐고 수학익힘책은 뭔가요?

"선생님, 수학익힘책을 안 가져왔어요."
"엄마가 가져가지 말라고 했어요."
"책이 없는데 한 시간 동안 뭐해요?"

아이들이나 부모님들이 수학을 교과서로만 생각하는 까닭에 일어나는 실수입니다.

바늘과 실처럼 함께 가지고 다녀야 할 교과서라는 인식이 들지 않으면 이 습관은 고학년까지 이어집니다.

수학은 개념과 원리를 가르치는 교과서이고 수학익힘책은 배운 것을 토대로 활용 능력을 기르는 보충교과서입니다.

학교에서는 주로 수학교과서로 공부하고 수학익힘책은 그 시간의 형성평가자료나 자율학습자료로 활용합니다. 그래야 한 시간의 수업 내용을 제대로 익혔는지 확인할 수가 있습니다.

하지만 이런 선생님의 의도와는 상관없이 미리 선행학습을 한다고 풀어오는 학생이 있습니다. 그런 친구들은 백이면 백 수업 시간을 그냥 흘려보냅니다.

"똑같은 문제로 예습을 해왔기 때문에 더 집중할 거라구요?"

절대 그런 좋은 일은 일어나지 않습니다. 대신 다른 책을 읽는다든지, 아니면 옆 사람을 방해한다든지 하는 행동으로 나타납니다.

미리 교과서를 풀어오는 경우는 하지 않음만 못합니다. 학교에 가서 공부 시간에 집중 안 하고 다른 짓을 한다고 생각해 보십시오.

예습한다고 시간 들여, 공부 시간에 그냥 놀아, 친구들에게는 수업 태도 나쁜 학생으로 찍혀, 이래저래 손해가 막심합니다.

물론 선행학습의 좋은 점은 많습니다.

수업 내용을 제대로 이해할 수 있고, 공부에 자신감이 생기고, 예습할 때 이해되지 않던 부분을 수업 시간에 이해할 수 있고, 어려운 문제를 풀려고 고민하다 보면 스스로 공부하는 습관이 생기는 것이 장점입니다.

문제는 선행학습이 아니고 완전학습이 된다는 데에 있습니다.

선행학습은 서양 요리의 에피타이저처럼 살짝 입맛을 돋울 정도로만 해 주는 것이 좋습니다. 그래야 정식으로 나오는 음식에 대한 기대치가 생깁니다.

가장 나쁜 예습 방법은 문제가 **빽빽**한 학습지를 가져와서 오늘 이거 몇 장 풀라는 식의 예습 방법입니다. 아이는 벌써부터 질려서 수학은 문제를 푸는 귀찮은 교과라고 인식하게 됩니다.

선행학습한다고 교과서를 미리 푸는 오류를 범하지 마시고, 수학과 수학익힘책은 꼭 함께 가지고 다니는 습관을 길러 주세요.

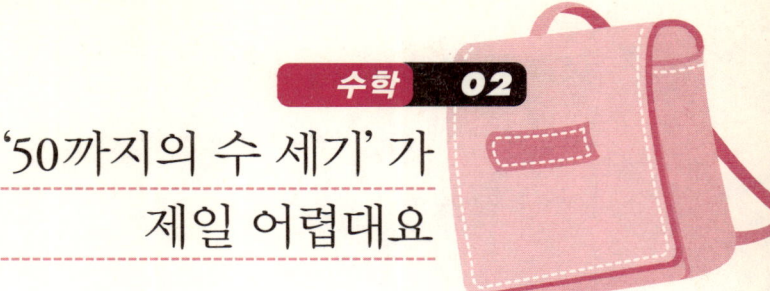

수학 02
'50까지의 수 세기'가 제일 어렵대요

"선생님, 이게 왜 틀려요?"

"서른을 설흔이라고 썼으니까 틀렸지."

"40이 마흔이니까 30도 설흔이 되어야지요. 똑같이 흔으로 끝나야 되는 거 아니에요?"

"아냐, 설흔은 서른이라고 쓰는 게 맞는 거야."

"왜요?"

"……."

1학년 아이가 합리적으로 따지고 드는 데에야 할 말이 없습니다. 호기심 많은 이 아이에게 문법적으로 설흔이 서른이 된 까닭까지 가르쳐야 하니까요.

　아이들에게 50까지의 수 세기를 가르쳐 보면 참 힘이 듭니다. 시험을 쳐 보면 가장 많이 틀리는 부분이기도 합니다.

27을 읽어보시오 ➡ [이십칠, 스물일곱]

38을 읽어보시오 ➡ [삼십팔, 서른여덟]

49를 읽어보시오 ➡ [사십구, 마흔아홉]

　앞부분의 [이십칠, 삼십팔, 사십구]는 거의 맞지만, 뒷부분의 [스물일곱, 서른여덟, 마흔아홉]은 거의가 틀립니다.

　일이삼사의 한자어에는 익숙해져 있지만, 하나둘셋넷의 고유어는 낯선 까닭입니다.

　어떻게 하면 고유어도 쉽게 익힐 수 있을까요?

　실생활에서 재미있게 접근하는 방법을 실천해 보세요. 계단을 내려가거나 오를 때, 시장에서 사온 방울토마토를 셀 때, 블록을 색깔별로 분류할 때, 책꽂이에 있는 책을 셀 때 등등 부모님과 함께 고유어로 세어 보세요.

　예를 들어 계단을 오를 때 엄마는 일이삼사 한자어로 수를 세고, 자녀는 하나둘셋넷 고유어로 수를 세어 보세요.

1	일	하나	11	십일	열하나	21	이십일	스물하나
2	이	둘	12	십이	열둘	22	이십이	스물둘
3	삼	셋	13	십삼	열셋	23	이십삼	스물셋
4	사	넷	14	십사	열넷	24	이십사	스물넷
5	오	다섯	15	십오	열다섯	25	이십오	스물다섯
6	육	여섯	16	십육	열여섯	26	이십육	스물여섯
7	칠	일곱	17	십칠	열일곱	27	이십칠	스물일곱
8	팔	여덟	18	십팔	열여덟	28	이십팔	스물여덟
9	구	아홉	19	십구	열아홉	29	이십구	스물아홉
10	십	열	20	이십	스물	30	삼십	서른

31	삼십일	서른하나	41	사십일	마흔하나
32	삼십이	서른둘	42	사십이	마흔둘
33	삼십삼	서른셋	43	사십삼	마흔셋
34	삼십사	서른넷	44	사십사	마흔넷
35	삼십오	서른다섯	45	사십오	마흔다섯
36	삼십육	서른여섯	46	사십육	마흔여섯
37	삼십칠	서른일곱	47	사십칠	마흔일곱
38	삼십팔	서른여덟	48	사십팔	마흔여덟
39	삼십구	서른아홉	49	사십구	마흔아홉
40	사십	마흔	50	오십	쉰

"엄마! 이 계단의 수는 스물다섯이야! 엄마는 이십오가 나왔지?"
라고 말할 수 있을 때까지요.

대부분의 엄마들은 수학의 첫걸음인 수 세기에서부터 오류를 범합니다.

아이가 숫자 10을 알면 바로 50까지 세기를 원하고, 또 50까지 수를 알자마자 바로 덧셈 학습으로 들어가 손가락을 아이 앞에 내밀며 '5 더하기 8은 뭐지?' 하고 묻곤 하니까요.

조급증을 마음으로부터 물리치고 실생활에 재미있게 접목해야 아이가 수학은 재미있는 학문이라는 것을 인지하게 됩니다.

'50까지의 수 세기'에 재미가 붙으면 일목요연하게 표로 만들어 붙여놓는 방법도 권해 봅니다. 이런 활동을 할 때에는 꼭 아이와 함께 만든다는 것을 잊지 마시구요.

수학 03

셈이라면 질겁하는 아이, 게임으로 시작하세요

"미국에서는 수학 시간에 계산기로 공부한대요."
"선생님, 우리도 계산기 쓰면 안 돼요?"
"선진국에서도 쓰는데 우린 왜 못 써요?"

숫자가 복잡해지는 고학년이 되면 나올 법한 투정이 1학년에서도 나옵니다. 선진국에서도 계산기를 쓰는데 우리는 뭐 때문에 골아프게 머리를 굴려가며 계산하느냐는 항의입니다.

참 어디서 주워들은 것은 많아서 선생님을 당황하게 할 때가 한두 번이 아닙니다. 이럴 때 제가 일침을 놓는 말이 있습니다.

"그래서 미국에서는 수학 낙제생이 너무 많아 고민이래. 머리를 안 쓰고 계산기에 의존하다 보니 그런 일이 생기는 거야."

그러면 아이들의 입이 쏙 들어갑니다.

우리나라 초·중·고 학생이 가장 많은 시간을 할애해 공부하는 과목 중 하나가 바로 수학입니다. 비중이 높다는 것은 중요하다는 뜻이고, 그만큼 어렵다는 의미와 상통합니다.

네, 수학은 어렵습니다. 수준 높은 사고력과 논리력이 요구되는 교과이기 때문이지요.

수학에 대한 원리나 개념이 명확하게 서 있지 않으면 응용문제에 가서는 거의 손을 놓는 게 수학입니다.

하지만 저학년 때는 그렇게 수학에 대해 스트레스를 받지 않습니다. 되려 수학을 좋아하는 아이들도 많습니다. 1학년 때는 골아픈 받아올림이나 복잡한 수가 나오지 않기 때문이지요. 척하면 딱하고 답이 나오기 때문에 성취도 부분에서는 백점 만점입니다.

이랬던 아이들이 상급 학년으로 올라갈수록 수학을 싫어하는 이유는 뭘까요?

어릴 때부터 수학에 대한 즐거운 경험을 쌓지 못한 원인이 큽니다. 혹시 수학은 골치아픈 것, 수학은 어려운 것이라는 부정적인 선입관을 심어 주지는 않으셨는지요?

8+9=17

어른들은 쉽지만 아이들에게는 어려운 일입니다. 이렇게 쉬운 것을 못한다고 타박하지는 않으셨는지요?

특히 셈에 약한 아이들이 있습니다. 이런 아이들에게 내뱉는 부정적인 말은 상처가 되고 자신감 부족으로 이어집니다.

덧셈이 약하면 뺄셈은 더 어렵고 더구나 곱셈은 더 어렵고 나눗셈은 가장 힘든 셈이 됩니다. 그렇게 되면 수학은 저 머나먼 세상의 과목이 되는 것입니다.

어떻게 하면 수학과 가까워지게 만들 수 있을까요? 수학을 놀이화시키면 아이들은 금방 좋아라 합니다. 저의 경우를 예로 들어보겠습니다.

명절 때의 추억 한 토막입니다.

어른들은 음식 하느라고 바쁘고 우리들은 밤에 딱히 할 일이 없어서 사랑방에 모여 있었지요. 할머니부터 코흘리개인 저까지 오그르르 모여서 뭐 놀이거리가 없나 찾던 때였지요.

할머니께서 늘상 끼고 살던 손때 묻은 화투를 던져 주시더군요. 갖고 놀라구요. 그 때 사촌들과 함께 한 화투는 참으로 재미있었습니다.

화투장을 5장씩 나누어 가지고 그 가운데 3장으로 10이나 20을 만들어 내려놓은 후에 나머지 2장의 끗수로 우열을 가리는 놀이였지요.

얼마나 재미있었는지 밤을 홀딱 새었습니다. 쬐끄만 게 셈도 잘한다는 할머니의 칭찬에 더 기분이 좋아 열심히 계산했던 기억이 떠오릅니다.

나중에야 그것이 화투의 도리짓고땡이었다는 것을 알았습니다. 큰돈 내기나 도박 등 나쁜 용도로 쓰이면 타도해야 할 놀이였지만, 친목 도모로 쓰였던 그 놀이는 저에게 잊혀지지 않는 하나의 즐거운 셈놀이였습니다. 그 놀이가 수학은 재미있다는 공식을 받아들인 첫 경험이었습니다.

아무리 힘든 과목이라도 즐거운 놀이를 대입하면 아이들은 죽어라 더 하려고 기를 씁니다. 수학을 놀이화시켜서 수학의 즐거움을 경험하게 해 주십시오.

그렇다고 저의 경우처럼 할머니와의 추억이 깃든 화투놀이를 고대로 써먹으면 안 되겠지요. 그 때는 할머니도, 사촌들도 모두 재미있는 놀잇감으로 사용했던 평범한 놀이도구였지만, 지금은 도박성 강한 도구로 전락했으니 다른 방법을 써야겠지요.

이런 방법은 어떨까요? 수학 시간에 가장 많이 필요한 것이 숫카드입니다.

162쪽 그림과 같은 숫카드가 수학책 뒤쪽에 붙어 있습니다. 하지만 한 번 떼어 쓰면 잃어버려 자꾸 다시 만들어야 하는 불편을 겪습니다.

미리 만들어놓으면 놀이도 할 수 있고 영구적인 숫자카드로 사용할 수 있기 때문에 일석이조입니다.

카드를 잃어버리지 않도록 왼쪽 상단에 구멍을 뚫어 고리로 엮어 주는 방법도 좋고, 숫자카드 상자를 만들어 정리하게 해 주는 것도 좋습니다.

숫자카드 놀이

❶ 숫자카드 중에서 10을 제외한 1부터 9까지의 카드로 놀이를 합니다. 색깔별로 9장이니까 모두 36장이 됩니다.
❷ 둘이서 할 경우에는 아이와 어머니가 각각 5장씩 갖고 나머지 26장은 뒤집어 밑에 내려놓습니다.
❸ 카드 3장의 숫자가 20이 되는 경우 아래에 내려놓습니다. 예를 들어 ❸ ❽ ❾ ❹ ❺라는 숫자카드를 가졌다면 ❸ ❽ ❾는 내려놓습니다.

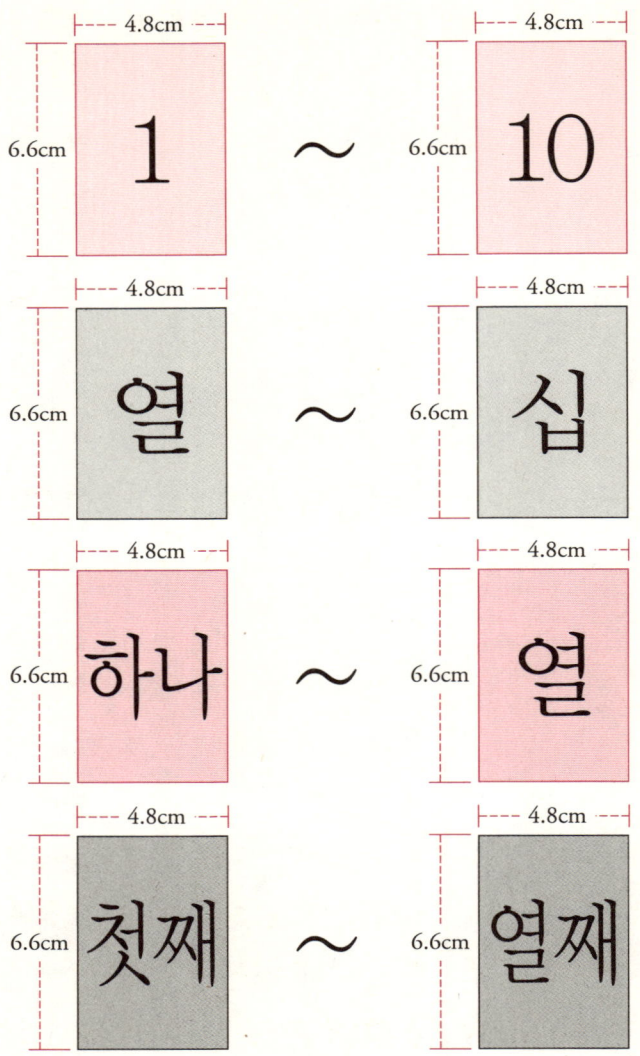

❹ 내려놓을 카드가 없으면 밑에 있는 카드를 하나 가져옵니다.
❺ 번갈아가며 놀이를 합니다.
❻ 손에 들고 있는 카드가 모두 없어지는 사람이 이깁니다.

가족과 함께 한 유년기의 추억은 평생을 갑니다. 그것이 온 가족과 함께 한 놀이라면 더욱 그렇습니다.
아빠는 파란색으로, 엄마는 빨간색으로, 아이는 보라색으로, 동생은 노란색으로 숫자카드를 직접 만들어 보는 것도 의미있는 일이겠지요. 당장 모여서 숫자카드를 만들고 숫자놀이를 해 보세요.

수학 04
럭비공은 공 모양이 아닌가요?

"선생님, 럭비공도 공 모양에 속하는 거 아니에요?"
"타원도 원이라고 배웠는데 이상하네요?"
"달걀도 둥그니까 공 모양이 돼야 하는 거 아니에요?"

아이들이 상자 모양, 기둥 모양까지는 신나게 문제를 맞히다가 공 모양에서 우르르 틀리니 질문이 쏟아집니다. 럭비공도 공이고 타원도 원인데 왜 공 모양에 속하지 않느냐는 것입니다.

> **문** 공 모양에 ○표 하시오.
>
> 축구공 (　) 　　달걀 (　) 　　럭비공 (　)

위의 문제에서 럭비공도 공 모양이 아니냐고 묻는 아이는 럭비공을 한 번도 본 적이 없거나, 있다 해도 공이라는 이름에만 포커스를 맞춘 경우이고, 타원같이 생긴 달걀도 원이 아니냐고 묻는 아이는 선행학습으로 미리 배운 도형에 포커스를 맞춘 경우입니다.

이렇게 아이들의 질문은 끝이 없습니다. 아주 바람직한 현상이지요.

그럼 이렇게 아이들이 헷갈려할 때는 어떻게 가르치면 좋을까요?

수학 교구를 직접 이용해서 가르치는 방법도 좋습니다. 요즘에는 직접 체험하면서 수학의 원리를 깨우치도록 도와 주는 수학 교구가 시중에 잘 나와 있습니다.

교구를 이용해 학습하는 방법은 눈으로 보고 직접 만지며 수학의 원리를 이해할 수 있어 수학을 싫어하는 아이들한테도 좋은 학습 방법입니다.

두 번째는 실생활에서 닮은꼴을 찾아보는 것도 좋은 방법입니다. 상자 모양, 둥근기둥 모양, 공 모양을 집 주변에서 찾아볼까요?

 상자 모양 　화장지통, 수저통, 전자레인지

 원기둥 모양 　깡통, 두루마리휴지, 풀통

 공 모양 　수박, 알사탕, 탱탱볼

더 나아가 보너스로 규칙 찾기 놀이도 한번 해 보세요.

식사를 할 때는 '숟가락, 젓가락, 포크'로, 이를 닦을 때는 '치약, 칫솔, 컵'을 이용하여 규칙 찾기를 하면 아이들은 무척 즐거워합니다.

어렵게 이론으로 다가가지 말고 실생활에서 직접 만져보고 체험하게 하세요. 수학이 훨씬 쉬워지고 재미있어집니다.

바른생활 01

생활의 길잡이도 교과서예요?

"수학은 수학익힘책이니까 바른생활도 바른익힘책이라고 해야 되는 거 아니에요?"

"생활의 길잡이를 바른생활과 함께 가져온다는 걸 자꾸 까먹어요."

"바른생활은 시험을 안 본다고 하던데 진짜예요?"

아이들이나 부모님들이 생활의 길잡이를 바른생활과 연결시키지 못하는 까닭에 일어나는 실수입니다.

수학과 수학익힘책에 비하여 배우는 시간도 적고, 바른생활은 공부를 안 해도 된다는 의식이 무의식중에 깔려 있어 챙겨오지 않는 빈도가 더 큽니다. 바른생활과 생활의 길잡이는 실과 바늘처럼 함께 가지고 다녀야 할 교과입니다.

바른생활은 주교과서이고 생활의 길잡이는 보충자료로 예화와 실천한 것을 평가하는 자료가 들어 있습니다.

생활의 길잡이는 말 그대로 바른생활의 길잡이 역할을 하는 교과서입니다. 자녀가 바른생활을 실천하고 있는지 이 교과서를 통해 확인하시면 됩니다.

생활의 길잡이 2단원에 나오는 내용을 예로 들어보겠습니다.

집에서 스스로 할 일을 알고 실천하기

학교에서 집에 돌아왔을 때	외출복을 벗어서 옷걸이에 걸어놓나요?	
	학용품을 가방에서 꺼내어 정리하나요?	
	책가방을 제자리에 놓나요?	
숙제를 할 때	숙제는 스스로 하나요?	
	더 알고 싶은 것은 책에서 찾아보나요?	
	잘 모르는 것은 부모님께 여쭤보나요?	
학용품을 정리할 때	연필과 지우개를 필통 속에 가지런히 정리하나요?	
	색연필과 크레파스에 이름을 쓴 표를 붙이나요?	

잘해요○ 못해요×

내용은 별게 아닙니다. 부모님께서 아이들에게 늘상 하는 잔소리입니다. 그럼에도 불구하고 생활의 길잡이에 실린 까닭은 그만큼 중요하다는 것이고, 1학년 때 이런 태도가 습관이 되도록 실천해야 한다는 것입니다.

'색연필과 크레파스에 이름을 쓴 표를 붙이나요?'
마지막 질문에 ×가 나왔다면 이런 방법을 써 보세요.
이름을 쓴 표는 부모님께서 만들어 주시되 붙이는 것은 아이들에게 가르쳐서 직접 붙이도록 해 주세요. 그래야 아이가 색연필 하나를 잃어버렸을 때 찾으려고 애를 쓰기 때문입니다.

"제가 힘들게 붙인 거란 말예요."
"청소할 때 나오면 꼭 제게 갖다 주세요."

부모님께서 해 주시면 아이들은 자기 물건의 소중함을 실감하지 못합니다. 힘이 들고 시간이 지체되더라도 아이가 스스로 하게 해서 물건의 소중함을 깨우치게 해 주십시오.

바른생활 02
용구 사용법이 서툴러요

"색종이를 오리다가 잘못해서 손을 베었어요."
"수수깡을 연결하다가 이쑤시개에 찔렸어요."
"책을 넘기다가 종이에 베었어요."

 그렇게 조심하라고 주의를 시켰건만 꼭 다치는 아이가 발생합니다. 가위뿐만 아니라 심지어는 종이에 베었다고 우는 아이도 생겨납니다.
 고사리 같은 손으로 연필을 깎아 쓰던 예전의 우리들과는 달라도 너무 다릅니다. 용구 다루는 솜씨가 보통 서툰 게 아닙니다.
 그래서 가위도 안전가위를 쓰고, 뾰족한 송곳은 가져오지 못하게 하고, 칼은 아예 소유하지도 못하게 하는데도 이런 일이 발생합니다. 그렇다고 일일이 선생님이 대신 잘라 주고 오려 줄 수도 없는 노릇입니다. 사용 요령을 숙지하여 집에서도 부모님이 지켜보는 가운데 아이 스스로 반복 연습하는 것이 필요합니다.

"가방이 닫아도 벌어져요."
"우리 엄마가 옷에 흙 묻히지 말라고 했어요."
"집에서 연필을 깎아왔는데 몽땅 부러졌어요."

지퍼로 된 가방은 지퍼고리가 양쪽에 달려 있어 가운데에서 만나면 벌어지게 되어 있습니다. 1학년 아이의 가방은 지퍼 위를 한 번 더 덮어 주는 형태의 가방이 좋습니다.

옷차림은 활동하기에 편한 옷이 좋습니다. 1학년은 즐거운 생활, 바른생활, 슬기로운 생활 등 몸을 움직이는 활동을 하는 시간이 많습니다. 장식이 많은 옷, 꽉 조이는 옷은 활동하는 데 방해가 됩니다. 공주처럼, 왕자처럼 예쁘게만 입히려고 하지 마세요. 아이들이 옷의 노예가 될 수 있습니다.

필통은 연필심을 보호하는 기능이 있는 것이 좋습니다. 아이들이 많이 사용하는 봉제필통은 가볍고 휴대하기 좋지만, 한꺼번에 집어넣기 때문에 아수라장이 되고 연필심이 부러져 쉽게 더러워지는 단점이 있습니다. 연필에 캡을 씌운다든지, 연필심을 끼울 수 있는 봉제필통을 마련해 주세요.

  필통 안에 연필은 3자루 정도, 자는 필통 안에 들어갈 수 있는 15cm 정도의 길이로, 지우개는 크기가 작은 것으로 준비해 주세요. 지우개가 너무 크면 진력이 나서 지우개를 자른다든지 싸움을 하는 경우가 생겨나니 작은 것으로 자주 바꿔 주는 게 좋습니다.

  연필은 HB보다는 2B연필이 적당합니다. 심이 진하고 다소 무른 2B로 시작하는 게 연필 사용에 서툰 아이의 손목 부담을 덜 수 있습니다.

  다만 샤프펜슬은 가급적 쓰지 못하게 하는 것이 좋습니다. 글씨 모양을 잡는 데 도움이 안 될 뿐더러 쉽게 부러져서 위험합니다. 힘 주어 쓰다가 샤프심이 부러져 튀어올라 눈 안에 들어간 경우도 있거든요.

  학습 용구 구매시 '꼭 필요한 물건인가?'를 먼저 생각해야 하고, 구입한 후에는 용구 사용법을 정확히 익혀야 합니다. 그래야 아이가 수업 시간에 다치지 않고 즐겁게 활동할 수 있습니다.

바른생활 03

학교 규칙은 꼭 지켜야 해요

"넌 왜 만날 지각하니?"

"넌 왜 만날 공책을 안 가져오니?"

"넌 왜 만날 밥을 늦게 먹니?"

　수업 시간에 임박해 헐레벌떡 뛰어오는 친구를 보면서, 공책을 안 가져왔는데 엄마 핑계를 대는 친구를 보면서, 매일 꼴찌로 밥을 먹는 친구를 보면서 아이들이 이구동성으로 말합니다.

　이제 1학년 첫걸음인데 벌써부터 부정적인 인식이 박힌 아이를 보면 참 속이 상합니다. 좀더 좋은 인상으로 남을 수도 있는데 지각하는 것으로, 물건을 못 챙기는 것으로, 밥을 늦게 먹는 것으로 그 아이의 장점이 묻혀 버릴 때는 마음이 아파옵니다.

아이들은 참 단순합니다. 자기들 기준에서 잘하는 것으로 보이면 모범이 됩니다.

이런 일이 있었습니다. '모범'의 뜻을 가르쳐 준 뒤에 우리 반에서 가장 모범적인 아이를 추천하라고 한 적이 있습니다. 대부분의 아이들이 추천 이유를 '마음씨가 착해서, 자세가 발라서'라고 적어내었습니다. 하지만 몇몇 아이는 '스케이트를 잘 타서'라고 써내었습니다. 그 아이들 눈에는 스케이트를 잘 타는 것이 모범적으로 보였던 모양입니다.

그렇습니다. 잘하는 것은 아이의 장점을 부각시킬 수 있는 좋은 기회입니다. 그럼에도 불구하고 부정적인 인식에 가리어 그 아이의 장점이 빛을 발하지 못하는 경우를 흔히 보아왔습니다.

그래서 저는 이런 얘기를 많이 합니다. 잘못된 습관으로 인해 그 아이의 장점이 묻히지 않도록 해 달라구요.

1학년에서 글자 하나 익히는 것보다 바른생활을 일착으로 놓아야 하는 이유입니다. 그래서 가정생활 습관은 물론이고 그것과 연계하여 학교생활 규칙은 꼭 지켜야 합니다.

"아이라서 그래요."

아이니까 습관을 들여야 합니다.

어른이 되면 고칠 수 있을까요? 몇십 년 고정된 습관은 고치기가 힘들다는 것을 부모님께서 더 잘 아실 것입니다.

바른생활 제일 첫 단원에 학교생활에서 지켜야 할 규칙이 나옵니다. 아이들이 반나절을 함께 지내야 하는 곳이 학교이기에 규칙은 필요하고 꼭 지켜야 할 의무가 있습니다.

대체로 1학년 때 모범적이다라는 말을 들은 학생이 6학년 올라갈 때까지 잘합니다. 반대로 규칙을 밥먹듯이 어기는 아이는 졸업할 때까지 그 행동이 고쳐지지 않는 경우가 허다합니다.

이런 습관은 가정교육과 밀접한 관계가 있습니다. 상담을 해보면 가정에서의 행동도 그와 비슷하기 때문입니다.

학교 규칙은 가정 규칙의 연장선상에 있습니다. 우리 아이가 반 아이들에게 긍정적인 인식이 박힐 수 있도록 학교 규칙을 잘 지키는 모범적인 아이로 습관들이는 게 중요합니다.

규칙을 지키지 않을 때는 단호하게 혼을 내세요. '세 살 버릇 여든까지 간다' 는 속담을 되새기면서…….

바른생활 04

친구와 사이좋게 지내기 위해 노력했나요?

"쟤는요, 날 따라다니면서 만날 놀려요."
"쟤는요, 잘못해놓고 사과도 안 해요."
"사과를 했는데 절대 안 받아 줘요."

아무리 급훈을 '친구를 배려하자'라고 정하고 구호처럼 외쳐도 혼자서 크는 아이가 많다 보니 친구와 별것 아닌 일로도 다투는 일이 잦습니다. 배려하는 아이는 정말이지 찾기가 힘이 듭니다.

배려를 강조하다 보니 이런 엉뚱한 일도 생겨납니다.

"친구를 배려하라고 했는데 쟤가 준비물을 안 빌려 줘요."

"친구를 배려하라고 했는데 쟤가 날 위로 안 해 줘요."

생활의 길잡이 5단원에 보면 이런 체크 항목이 있습니다.

이 항목은 늘 눈여겨봐야 하고 수시로 지도해 주어야 할 덕목입니다.

친구와 사이좋게 지내기 위해 노력했나요?

친구를 놀리거나 귀찮게 하지 않았나요?
친구가 어려움에 처했을 때 도와 주었나요?
친구에게 잘못한 일이 있으면 사과하였나요?
친구와 다투었을 때 화해하였나요?

잘함○ 보통△ 노력×

수시로 체크해 보면서 우리 아이가 친구들과 원만한 관계를 유지하고 있나 살펴봐야 합니다.

슬기로운 생활 01

슬기로운 생활은 뭐예요?

"울 언니는 사회 배우는데 우리는 안 배워요?"
"형아들은 과학 배우는데 우리는 안 배워요?"
"우린 언제 그런 거 배워요?"

형제가 있는 아이들이 자주 묻는 질문입니다.

국어와 수학은 있는데 사회와 과학이 없기 때문에 물어오는 말입니다. 당연히 그런 물음이 나올 법합니다. 아무리 눈을 씻고 찾아봐도 1학년에는 그런 교과서가 없으니까요.

하지만 존재는 합니다. 겉으로 보이지 않을 뿐이지. 슬기로운 생활이라는 교과서에 통합 형태로 스며들어 있습니다. 한 마디로 '사회+과학'이 슬기로운 생활이라는 거지요.

네, 맞습니다. 슬기로운 생활은 사회와 과학의 통합교과입니다. 주변생활이나 자연환경을 중심으로 익혀야 할 기초적인 내용이 담겨 있는 사회과학책입니다.

사회현상이나 자연현상을 직접 보고 체험하는 활동을 통해 문제를 파악하고 스스로 해결하는 능력을 기르는 데 목적이 있는 교과입니다.

사회 분야에서는 이런 내용을 가르칩니다.
- 계절에 따른 생활의 변화
- 나의 하루 일과
- 가족 행사와 친척 관계

과학 분야에서는 이런 내용을 가르칩니다.
- 봄 여름 가을 겨울의 특징과 변화
- 몸의 여러 가지 기관과 기능
- 아침 낮 저녁의 변화와 특징
- 여러 가지 도구와 사용법

직접 보고 체험하려면 어떤 학습법이 가장 효과가 클까요? 당연히 현장체험학습입니다.

하지만 학교에서 가는 현장체험학습은 한정되어 있습니다. 그래서 가족 단위의 현장체험학습을 권합니다.

주말에 나들이 계획을 세우신다면 꼭 슬기로운 생활 교과와 관련된 곳으로 목적지를 잡으세요. 아이가 직접 보고 체험한 만큼 슬기로운 생활의 지식도 함께 늘어납니다. 슬기로운 생활의 최고 학습법은 '百聞不如一見'입니다.

슬기로운 생활 02

교통 안전은
실생활에서 익히세요

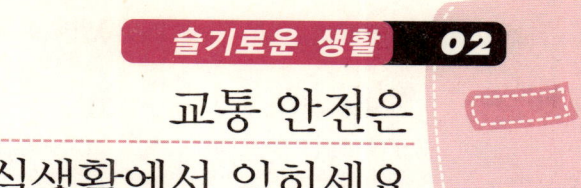

초등학교 1학년 남자어린이들이 하굣길에 학교 앞에서 교통사고를 당할 위험이 가장 큰 것으로 나타났다.
사고 시간은 하교 시간이 가장 많았는데, 등교 시간대의 3배에 달했다.
사고 유형은 횡단보도 건널 때가 최고 많았고, 그 다음이 무단횡단, 횡단보도 부근 횡단 순이었다.

끔찍한 뉴스가 아닌가요?
왜 이런 사고가 많을까요?
하교 시간에 아이들을 보면 움직이는 폭탄 같습니다. 학원차가 보이면 횡단보도고 뭐고 간에 그냥 냅다 학원차만 보고 뛰기 때문입니다. 가슴이 철렁 내려앉습니다.

학원에 쫓기는 아이들, 바쁘니까 원칙을 무시하는 일이 생겨납니다.

스쿨존에서 이런 사고도 있었다고 합니다.

> 무단횡단을 하던 아이가 우회전하는 차량을 보지 못해 부딪쳤습니다.
> 사람들이 몰려오고 구급차가 달려왔습니다. 하지만 정작 다친 아이는 학원에 가야 한다고 징징대었습니다. 아이는 아픈 것보다 학원에 못 가서 엄마한테 혼날 걱정을 먼저 하고 있었습니다.
> 지켜보던 어른들은 학원이 목숨보다 중요한 거냐며 혀를 끌끌 찼습니다.

어떤 상황이 발생했을 때 가장 중요한 것은 생명이라는 것을 가르쳐 줘야 합니다. 학원 가는 게 중요한 게 아니고 목숨이 더 소중하다는 것을요.

교통안전교육은 유치원에서 강조하고 강조해서 배웁니다. 노란 유치원복을 입고 교통안전체험관에 가서 빨간불일 때는 멈추고 파란불일 때는 건넌다고 귀가 따갑도록 익힌 덕목입니다.

그렇게 몇 년을 교육받았음에도 불구하고 현실로 돌아오면 아이들은 그 원칙을 다 까먹습니다. 특히 횡단보도에서 사고가 많이 나는 것이 그런 경우입니다.

파란불이 켜졌어도 바로 건너지 말고 차가 오나 안 오나 살핀 뒤에 횡단보도를 건너야 합니다. 세상에는 바른 사람만 있는 것이 아니어서 법규를 어기고 막 달리는 차도 있다는 것을 알려 줘야 합니다.

차를 타고 내릴 때에도 문 쪽으로 오토바이가 오나 안 오나 살펴보고 내려야 합니다.

더불어 교통표지판을 보는 법도 함께 가르쳐 주세요. 우리나라의 교통표지판은 용어가 한자어라서 쉽게 풀어 설명할 필요가 있습니다.

어린이보호   보행금지   횡단보도

"선생님, 우리 그거 다 알아요."

"유치원에서 다 배웠어요."

　문제는 아는 게 아니라 실천을 해야 한다는 것입니다. 우선 부모님께서 모범을 보여야 합니다. 왜냐하면 교통안전지도는 생명과 직결된 것이기 때문입니다. 교통안전교육, 아무리 강조해도 지나치지 않습니다.

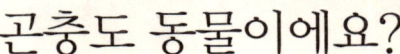 

곤충도 동물이에요?

"사슴벌레가 이긴다니까."
"웃기시네, 장수풍뎅이가 싸움짱이라니까."
"날카로운 큰 턱으로 내리찍으면 끝장이야."
"아무리 그래도 힘센돌이 장수풍뎅이한테는 잽도 안 돼."

　사슴벌레 한 마리가 나타나자 남학생들은 갑론을박 난리가 아닙니다.
　그 자리에 있지도 않은 장수풍뎅이 이야기까지 아이들의 설전은 끝이 없습니다. 내가 모르는 지식을 거침없이 내뱉습니다. 그저 놀라울 따름입니다.

　장수풍뎅이와 사슴벌레는 아이들에게 익숙한 곤충입니다. 애완동물로 시중에서 많이 판매되는 곤충이기 때문입니다. 그래서인지 집에서 길러 본 경험이 있는 아이의 목소리가 높아집니다.

　알뜰시장 같은 학교 행사에 이런 애완동물이 나오면 일찌감치 동이 나는 게 바로 이런 곤충류들입니다. 그럼에도 불구하고 아이들은 꼭 이런 질문을 합니다.

　"선생님, 곤충도 동물이에요?"
　"선생님, 파리도 동물이에요?"
　"선생님, 지렁이도 동물이에요?"

　저학년이나 고학년이나 똑같이 묻는 질문입니다. 왜냐하면 이런 동물은 동물원에서 볼 수 없기 때문입니다.

　아이들이 좋아하는 코끼리나 호랑이, 사자 따위의 멋진 동물이 아닌 탓이기도 합니다.

　교과서에 분명히 동물이라고 제시되어 있음에도 불구하고…….

우리 주변에서 볼 수 있는 동물

물가에서 사는 동물	붕어, 청개구리, 소금쟁이
땅 속에서 사는 동물	지렁이, 개미
산과 들에서 사는 동물	제비, 매미, 다람쥐, 여치

교과서에 등장하는 동물은 아쉽게도 아이들의 선호도 밖에 있는 동물이 대부분입니다. 선호도가 높은 다람쥐만 빼놓고는 거의 다 전멸이라고 해도 과언이 아닙니다.

우리 주변에서 볼 수 있는 동물이라고 해도 지렁이나 개미 빼놓고는 솔직히 주변에서 쉽게 볼 수 없는 동물입니다.

예전처럼 주위 환경이 자연 상태라면 가능했겠지만 지금은 일부러 시간을 내어 찾아나서야 볼 수 있는 동물이 되어 버린 탓입니다.

주말에 가족과 함께 동물과 관련된 현장체험학습을 갈 때에는 미리 동물에 대해 조사해 보고 가는 것이 좋습니다. 알고 가는 것과 모르고 가는 것은 천지차이니까요.

그리고 다녀와서는 관찰한 것을 직접 그려 보고 정리하게 해야 완전한 지식이 됩니다.

동물 그림	
동물 이름	
색깔	
사는 곳	
먹는 것	

아주 작고 보잘 것 없는 곤충이라도 우리가 사랑해야 할 동물이라는 사실을 꼭 얘기해 주세요.

식물보다 동물을
더 좋아하는 아이들

"우와, 왕개미다!"

"어디, 어디? 진짜 큰데?"

"여기 콩콩이도 있어. 이게 나무즙을 빨아먹는 나쁜 벌레래. 텔레비전에서 봤어."

"그래, 우리 오늘 이걸 모두 소탕하자."

"나도 잡을 거야."

학교 주위에서 볼 수 있는 봄꽃에 대해 설명하는 앞에서 아이들이 흥분해서 난리입니다. 관찰기록장에 그림을 그리기는커녕 온통 움직이는 곤충을 잡느라고 혈안이 되어 있습니다.

남학생은 움직이는 곤충을 가지고 장난치느라고 정신이 없고, 여학생은 떨어진 잎으로 꽃다발을 만드느라 정신이 없습니다. 공부하려고 하는 나무에 대해서는 도통 관심이 없습니다.

야외 수업을 나오면 갓 입학한 1학년이나 졸업을 코앞에 둔 6학년이나 하는 행동이 똑같습니다.

수생식물을 관찰하는 곳에 가서도 부레옥잠이나 부들 따위의 식물보다는 물 위에서 미끄럼을 타는 소금쟁이나 물방개에 관심을 더 보입니다. 선생님의 설명은 아예 귓등 밖입니다.

아이들은 왜 식물보다는 동물에 관심이 많을까요? 살아 움직이기 때문입니다. 식물은 아무리 예뻐도 움직이지 못하기 때문에 꽃이 필 때나 잠깐 관심을 보일 뿐입니다.

공룡에 대해서는 속속들이 알고 있으면서 개나리에 대해서는 봄에 피는 노란 꽃 정도밖에 모르는 경우가 그러합니다.

1학년 1학기에 나오는 식물 목록

봄에 피는 꽃	진달래, 라일락, 유채, 벚나무, 개나리
	복숭아나무, 목련, 민들레, 철쭉, 참나무, 강낭콩
여름에 볼 수 있는 꽃과 열매	장미, 토마토, 오이, 수련, 복숭아, 채송화, 수박
	포도, 참외, 백일홍, 봉숭아, 무궁화

이 중 자신있게 설명할 수 있는 꽃은 몇 개나 될까요? 무궁화의 꽃잎 수가 몇 개인지 아는 사람은 과연 몇이나 될까요?

애정을 쏟은 만큼 관심을 기울이는 법입니다. 봄꽃 축제 때 꽃 아래에서 사진 찍고 팔도 음식 먹는 걸로만 끝내지 마시고 슬기로운 생활의 산지식으로 연결하길 바랍니다.

요즈음은 '놀면서 배우는 식물백과' 같이 퀴즈도 풀면서 쉽게 식물 상식도 배울 수 있도록 아이들을 위해 만든 책이 많이 나와 있습니다.

동물만 사랑하지 말고 식물도 함께 사랑하도록 가족과 함께 하는 식물 현장체험학습을 강력 추천합니다.

즐거운 생활 01

즐거운 생활은 어떤 교과인가요?

"이야, 가면 만들기 시간이다!"
"선생님, 전 호랑이 가면을 만들 거예요!"
"다 만들면 운동장에 나가서 가면놀이할 거죠?"
"우와, 난 토끼를 잡으러 다녀야지."

즐거운 생활은 아이들에게 정말 즐거운 시간입니다.

가면을 만드느라 신나고, 만든 가면으로 동물 흉내를 내어서 신나고, 운동장으로 나가 친구와 잡기놀이를 하느라 신나고, 온통 신남의 연속입니다.

즐거운 생활은 1학년 아이들에게 다양하고 즐거운 활동을 제공하여 신체적, 정서적으로 왕성한 활동 욕구를 충족시켜 주고, 자율적이고 창의적인 놀이와 표현 활동, 감상 활동을 할 수 있는 능력과 태도를 함양하는 통합교과입니다. 한 마디로 체육, 음악, 미술을 통합한 교과라는 말입니다.

활동 중심의 통합교과인 탓에 음악, 미술, 체육에 재능을 보이지 않는 아이도 모두 모두 즐거운 시간입니다. 그래서 아이들은 즐거운 생활 시간을 많이 많이 기다립니다.

즐거운 생활이 아이들에게 정말 즐거운 시간으로 남으려면 준비물은 필수입니다.

체육시간에는 활동하기 편한 체육복을 입어야 하고, 음악시간에는 악기를 잘 챙겨 와야 하고, 미술시간에는 미술도구가 준비되어 있어야 즐겁게 수업에 참여할 수 있습니다.

그럼에도 불구하고 체육시간에 활동하기 불편한 예쁜 옷을 입혀 보내는 부모님이 계십니다. 아이는 옷에 얽매어 신나게 활동하지 못합니다. 혼자서 놀이터에서 빙빙 돌면서 새로 산 옷이라서 흙을 묻혀서는 안 된다고 합니다. 옷에 구속되어 즐거운 시간이 되지 못하는 경우입니다.

미술시간에도 체육시간과 마찬가지로 편한 복장이 좋습니다. 흰색 옷이나 단추가 많은 옷, 장식이 많은 옷, 소매를 걷어올리기 힘든 옷도 그림을 그리는 데 방해가 됩니다. 소매 끝에 크레파스가 묻기 쉬우니 토시를 챙겨 주는 것도 좋은 방법입니다.

음악시간의 기본 필수품은 리듬악기입니다. 그런데 리듬악기는 거의가 똑같은 기성품이라서 이름을 써놓지 않으면 잘 잃어 버립니다. 꼭 악기 하나 하나에 이름을 붙여 주십시오.

이런 준비물만 잘 챙겨 주면 아이들은 정말 교과서 이름처럼 즐거운 생활 시간을 보낼 것입니다.

"준비물과 편한 복장만 있으면 되는 아이들의 해피타임! = 즐거운 생활"

즐거운 생활 02

노래 부르기 싫어하는 아이, 이렇게 해 보세요

"와, 쟤 얼굴이 빨개졌어요."

"노래가 아니라 글을 읽는 것 같아요."

"크크크, 되게 웃겨요."

아이들은 랩이라며 배꼽을 쥐고 웃습니다. 끝까지 불러야 하는 아이는 얼굴이 빨개집니다.

어쨌든 다 끝나고 들어가면서 한 마디 합니다.

"거 봐요, 나 음치라서 노래 못 부른다고 했잖아요."

음치라는 말은 어디서 주워들었는지…….

이럴 때 아이들과 같이 웃으면 안 되는데 웃음이 나옵니다. 목청껏 소리를 높여 부르는데 소리만 클 뿐 음의 높낮이가 한결같이 똑같으니 웃음이 터질 수밖에요.

음치란 '소리에 대한 음악적 감각이나 지각이 매우 무디어 음을 바르게 인식하거나 발성하지 못하는 사람' 입니다.

실제로 음치라고 생각하는 사람들 중 80~90%는 음치가 아니라 단지 연습 부족으로 노래가 서툰 경우에 해당한다고 합니다.

몸치였던 사람이 댄스 가수로 거듭나는 것처럼 노래 부르는 것도 계속 훈련하면 개발될 수 있는 기술이라고 합니다.

노래를 부르기 싫어하는 아이, 이렇게 연습해 보는 것은 어떨까요?

먼저 자신에게 맞는 노래를 한 곡 고르게 하세요. 따라 부르기에 부담이 없는 노래, 이왕이면 흥이 나는 노래면 더욱 좋겠지요. 그래야 듣는 사람도 함께 맞장구를 쳐 줄 수 있으니까요.

한 곡만 계속 반복해 가수의 목소리를 따라 부르다 보면 저절로 노래에 빠져들게 되어 있거든요.

그 다음은 소리가 울리는 곳에서 노래를 부르게 하면 좋아요. 욕실처럼 소리가 울리는 곳에서 노래를 부르면 자기 목소리가 더욱 잘 들려서 노래 연습하기에 좋기 때문이지요.

마지막은 자신감을 심어 주세요. 그 동안 연습한 노래를 부른 뒤에 성공 체험을 갖게 하면 저절로 자신감이 싹튼답니다. 가족들의 열렬한 지지가 있으면 더욱 자신감이 배가되겠지요.

음치가수로 유명세를 타는 가수도 있다는 것을 들려 주어 자신있게 부르라고 힘을 불어넣어 주세요.

노래 부르는 시간만 되면 입을 꼭 다물고 있거나, 노래를 부른다고 해도 입만 달싹달싹 무슨 말인지 모르게 웅얼대는 아이에게 효과적인 방법이에요.

노래 부르기 싫어하는 우리 아이, 당장 노래방에 가서 실험해 보세요.

즐거운 생활 03

어울리지 못하는 아이, 놀이로 치유해요

"선생님, 얘가 안 한대요."

"얘 빼고 하면 안 돼요?"

"남자는 그런 거 하는 게 아니라고 안 한대요."

즐거운 생활 시간에는 노래에 맞추어 율동을 하는 시간이 참 많습니다. 혼자서 할 때도 있고 여럿이 할 때도 있습니다.

이럴 때 문제는 늘 함께 하려 하지 않는 아이입니다. 모둠원들이 이렇게 얼러 보고 저렇게 얼러 보지만 도무지 하려 들지 않습니다.

더구나 둘이 할 경우에는 짝이 애가 타서 우는 경우도 있습니다. 한 시간 동안 둘이서 해결해야 하는데 도무지 짝이 도와 주지 않기 때문입니다. 짝은 울고 아이는 안 하려 들고 정말이지 난감합니다. 달래어서 억지로 참여시킨다고 해도 보릿자루처럼 서 있을 뿐입니다.

이런 아이, 어떻게 할까요? 이럴 때는 재미있는 단체 놀이 경험을 시켜 주는 것이 좋습니다.

부모님 세대도 익히 알고 있으면서 요즘의 아이들도 좋아하는 '모래 뺏기 놀이'를 권합니다.

'모래 뺏기 놀이'는 모래와 나무막대 하나만 있으면 되는 초간편 놀이로, 2명 이상만 있으면 언제 어디서든 할 수 있는 전천후 놀이입니다. 바닷가 모래사장에서 엄마 아빠와 해도 재미있고, 놀이터에서 친구들과 해도 재미있습니다. 실내용 모래놀이 교구를 이용하면 집 안에서도 즐길 수 있습니다.

먼저 모래산을 만들고 꼭대기에 나무막대를 꽂습니다. 나무막대를 깊숙이 꽂아야 놀이가 더 흥미진진해집니다.

그 다음에는 가위바위보를 하여 순서를 정합니다. 이긴 사람부터 차례대로 모래산에 있는 모래를 두 손으로 긁어서 자기 앞에 가져다 놓습니다. 한 번에 많이 가져와도 되고 조금 가져와도 괜찮습니다. 단, 막대가 쓰러지지 않도록 조심조심 가져와야 합니다. 나무막대가 쓰러지면 지는 놀이거든요.

'모래 뺏기 놀이'의 장점은 촉감 같은 감각적인 요소뿐만 아니라 공간 지각 능력을 발달시킵니다. 또한 여러 아이들과 어울리는 법을 알게 되어 사회성도 길러 줄 수 있으므로 일석삼조의 효과를 볼 수 있는 놀이입니다.

먼저 친근한 가족과 함께 놀이의 재미를 익힌 뒤에, 다음에는 친한 친구, 더 나아가 낯선 친구로까지 범위를 점점 넓혀 주십시오. 그래야 어울림에 서툰 아이가 마음의 부담감을 덜고 자연스럽게 여러 사람과 어울리는 법을 터득하게 될 것입니다.

'달팽이 놀이'도 괜찮습니다.

'달팽이 놀이'는 운동장에 달팽이 모양의 놀이판을 그려서 하는 놀이로, 참가 인원은 하기에 따라서입니다.

두 편으로 나누어서 이긴 편은 바깥에서 안으로, 진 편은 안에서 바깥으로 달려나갑니다.

도중에 상대편을 만나면 가위바위보를 합니다. 이긴 사람은 계속 뛰어가고 진 사람은 출발했던 자기 집으로 되돌아가고, 재빨리 다음 사람이 나가서 가위바위보를 합니다. 상대편 담 안까지 먼저 도착하는 편이 이기는 놀이입니다.

이 놀이의 장점은 달리기를 못해도 가위바위보로 순서가 바뀔 수 있고, 또 지더라도 누구 때문에 졌다며 탓할 필요가 없다는 데에 있습니다. 달팽이집을 따라 달릴 때 느껴지는 어지럼증의 재미 또한 쏠쏠합니다.

그 밖에 '모래성쌓기 놀이'나 '소꿉놀이' '무궁화꽃이 피었습니다' '수건 돌리기' 같은 놀이도 권할 만한 놀이입니다.

이 시기 아이들은 놀이를 통해 동무들과 같이 어울려 지내는 것, 다른 사람의 말을 귀기울여 듣는 자세, 남을 배려하는 마음, 자기 감정을 조절하는 방법을 배웁니다.

또한 놀이를 하며 새로운 규칙을 만들어 내고, 놀이를 통해 다른 동무들과 평화롭게 어울려 사는 태도를 배우게 됩니다.

'잘 노는 아이가 잘 큰다'는 말이 있듯이, 우리 아이가 어울려서 즐겁게 놀 수 있도록 놀이 경험을 많이 쌓아 주세요.

즐거운 생활 04
미술 작품, 미리 만들어 오지 마세요

"얘는요, 집에서 다 만들어왔대요."

"다 만들었다고 놀고 있어요."

"얘는 문방구에서 사왔대요."

1학년일수록 아이가 해야 할 일을 부모가 대신 해 주는 경우가 많습니다.

아직 어려서 못하니까 도와 줘야 한다구요?

전혀 그렇지 않습니다.

물론 가위질도 서툴고, 색칠도 서툴고, 서툰 것투성이라는 것을 알고 있습니다. 특히 만들기 시간이 되면 자기 맘대로 안 되어서 징징대는 아이도 있습니다.

하지만 천천히 기다려 주면 다 해냅니다.

물론 완성품은 조악하기 그지없습니다. 실용성도, 미적 감각도 없지만, 그 시간에 아이가 배운 것은 더 많습니다.

다음에는 좀더 가위질을 잘 할 수 있고 스스로 미술 작품을 완성했다는 것, 도움을 주고받을 수 있는 친구가 있다는 것 등. 우리 아이는 아직 어려서 못할 거라는 고정관념을 버리십시오.

만들기 시간에 이런 일이 있었습니다.

부모님께서 출장을 가신 관계로 준비물을 못 챙겨온 아이가 있었습니다. 그 아이는 곧 사물함에 있는 모든 재료를 꺼내왔습니다. 저런 하찮은 재료로 무엇을 어떻게 만들지 참으로 궁금했습니다.

'평면적인 재료로 입체적인 모양을 만들어낼 수나 있을까?' 의아해하며 유심히 지켜보았습니다. 아이는 한참을 뚝딱뚝딱하더니 멋진 모자를 만들어내었습니다.

친구들은 이구동성으로 그 아이가 만든 모자에 찬사를 보냈습니다. 그리고 서로 쓰고 싶어했습니다. 그 모자는 교과서에서도 볼 수 없는 아주 독특한 모자였거든요.

즐거운 생활 시간에 즐거워야 할 주인공은 아이들입니다. 혹시 우리 아이가 못 만들 것을 걱정해서, 우리 아이의 작품이 다른 아이에게 놀림의 대상이 될 것을 두려워해서 미리 완제품을 제공하고 있지는 않은지요?

　나중에 상호 평가를 해 보면 아이들은 조악하지만 직접 만든 친구의 작품에 잘했다는 평가를 해 줍니다.

　부모의 욕심 때문에 아이의 창의성의 싹을 잘라 버리는 우를 범하는 것은 아닌지 다시 한 번 생각해 보세요.

　패트병을 잘라내야 하는 경우나 상자에 구멍을 뚫어야 하는 경우, 칼을 사용해야 하는 경우가 아니라면 아이 스스로 하게 내버려 두십시오.

　로봇 조립할 때 아이의 손놀림을 보셨습니까? 어른보다 훨씬 더 잘합니다. 아이를 믿고 아이가 스스로 만드는 즐거움을 느낄 수 있도록 내버려 두십시오.

　미술시간에는 절대 완제품을 사 보내지 말고 준비물만 챙겨 보내 주세요!